本书是国家社科基金重点项目（14AGL009）最终研究成果

中国家族企业代际传承的财务安排研究

许永斌 惠男男 著

中国社会科学出版社

图书在版编目(CIP)数据

中国家族企业代际传承的财务安排研究/许永斌，惠男男著.—北京：中国社会科学出版社，2019.11
ISBN 978-7-5203-5268-0

Ⅰ.①中⋯ Ⅱ.①许⋯②惠⋯ Ⅲ.①家族—私营企业—企业管理—研究—中国 Ⅳ.①F279.245

中国版本图书馆 CIP 数据核字（2019）第 216047 号

出 版 人	赵剑英
责任编辑	刘　艳
责任校对	陈　晨
责任印制	戴　宽

出　　版	中国社会科学出版社
社　　址	北京鼓楼西大街甲 158 号
邮　　编	100720
网　　址	http://www.csspw.cn
发 行 部	010-84083685
门 市 部	010-84029450
经　　销	新华书店及其他书店
印　　刷	北京明恒达印务有限公司
装　　订	廊坊市广阳区广增装订厂
版　　次	2019 年 11 月第 1 版
印　　次	2019 年 11 月第 1 次印刷
开　　本	710×1000 1/16
印　　张	15.5
插　　页	2
字　　数	209 千字
定　　价	86.00 元

凡购买中国社会科学出版社图书，如有质量问题请与本社营销中心联系调换
电话：010-84083683
版权所有　侵权必究

序

代际传承是家族企业永恒的话题，只要存在家族企业，就有代际传承问题与之相伴。国外经验表明，约30%的家族企业能够成功传承到第二代，而仅有10%的家族企业能传承到第三代。可见，代际传承难度很大。

代际传承核心是创始人专用性资产传承。作为一种特殊合约安排，代际传承中的交易成本主要来自专用性资产转移带来的事后失调即事后成本，特别是产生于创始人与组织、团队、外部环境互动过程的专用性资产转移。事后成本与事前制度安排相联系，代际传承成功关键在于充分的事前制度安排。财务安排在代际传承事前制度安排中占据重要地位。

代际传承是长达3—8年的过程，国内外学者已对家族企业治理模式以及家族继承者特质与培养进行了多视角的研究，但经过精心培养的家族继承者也常常无法完全继承创始人的专用性资产，因此，就需要一种机制安排来弥补这一缺失。也就是说，代际传承不仅仅是企业权杖在家族成员间传递的过程，同时也是家族企业治理机制有计划演进的过程。那么，代际传承期间家族企业治理机制是如何演进的？这种演进如何影响家族股权和管理权的配置？控制家族会采取何种投融资策略来支持代际传承？家族企业特征是如何影响这些财务安排的？本书对这些问题进行了深入的理论探索和实证检验。

本书是国家社会科学基金重点项目"中国家族企业代际传承的财务安排研究"的最终研究成果。该成果的主要创新之处可以概括为以下三点。

（1）首次提出代际传承时期中国本土家族企业关系治理模式的演进理论：从"基于权威信任的关系治理"转向"基于规则信任的关系治理"。相对于主流的"契约治理模式"，基于中国特殊的文化背景，中国家族企业的治理结构总体上是一种"关系治理模式"。但由于创始人专用性资产中最核心的"家族权威"很难完全传承，创始人和后代之间的不对称利他主义也会导致继承人的家族观念及利他行为出现异化，这些变化客观上需要一种制度安排来进行矫正，即对"权威信任"进行"规则信任"矫正。

（2）将研究视角前移，聚焦正式传承前家族企业各项财务安排，扩展家族企业代际传承相关理论研究：结合中国本土家族企业代际传承的实践，提出代际传承阶段性划分依据及方法，研究权力正式交接前期的企业财务行为。正式交接前的若干年是家族企业各种制度安排的关键时期，因此有别于以往关于代际传承相关问题的研究，项目成果将研究的焦点聚焦在正式交接前，重点探索了代际传承前的财务行为是如何支持代际传承的。

（3）在关系治理机制演进理论基础上，开展了基于规则信任的家族股权安排研究、家族企业代际传承过程中的投融资安排研究。在整个传承期内，控制家族往往会通过稀释部分控制权的方式来为规则治理释放空间，进入代际传承实施期的家族企业往往会采取谨慎的投资策略、更低的负债规模、更长的债务期限及更高的短期偿债能力，而且不同控制特征的家族企业具有较强的行为异质性。家族企业代际传承中的财务考评体系设计则为建立规则信任树立标杆。

我国改革开放初期建立的家族企业已经进入权力交接期，但目前国内有关家族企业代际传承财务安排的研究还不多见。本书提炼了本土家族企业关系治理机制演进规律，从财务视角观察中国首批家族企业代际传承的历程与特征，从控制权安排、债务融资安排、投资安排三个方面揭示代际传承时期中国家族企业创始人面临的挑战及其做出的布局，研究具有开拓性。同时，基于中国特殊的文化和制度背景，家族企业代际传承中新的问题不断出现。我衷心祝愿研究团队在本书的基础上获得更多更有价值的研究成果，促进我国家族企业代际传承的更大成功。

陆正飞

2019 年 5 月 4 日于北京大学

目 录

第一章 绪论 (1)
    第一节 研究背景与意义 (1)
    第二节 概念界定 (3)
    第三节 研究的基本思路、内容与框架 (6)
    第四节 创新点与新发现 (10)

第二章 文献回顾与评述 (12)
    第一节 家族控制研究 (13)
    第二节 家族企业代际传承 (19)
    第三节 家族企业代际传承的事前安排 (24)
    第四节 本章小结 (31)

第三章 代际传承时期公司治理理论研究：关系治理机制的框架 (35)
    第一节 家族企业的关系脉络 (36)
    第二节 家族企业的关系治理 (42)
    第三节 家族企业关系治理机制运行 (50)
    第四节 推动治理机制变革的因素分析 (54)
    第五节 本章小结 (62)

第四章 代际传承时期公司治理理论研究：关系治理机制的演进 ……………………………………………… (64)
 第一节 创始人经营时期：基于权威信任的关系治理机制 …………………………………… (64)
 第二节 代际传承准备期：基于权威信任的关系治理机制遇到挑战 ………………………… (74)
 第三节 代际传承实施期：规则信任的关系治理机制渐为主导 ……………………………… (84)
 第四节 本章小结 ………………………………………… (95)

第五章 关系治理机制演进下的财务安排 ……………… (97)
 第一节 财务安排是公司治理的重要内容 ……………… (97)
 第二节 关系治理机制演进与财务环境变化 …………… (99)
 第三节 控制权安排 ……………………………………… (110)
 第四节 财务活动安排 …………………………………… (116)
 第五节 财务考评体系设计 ……………………………… (122)
 第六节 本章小结 ………………………………………… (129)

第六章 代际传承与股权安排的实证检验 ……………… (132)
 第一节 代际传承与股权安排 …………………………… (133)
 第二节 研究设计 ………………………………………… (136)
 第三节 实证检验与分析 ………………………………… (139)
 第四节 股权安排结果：稀释股权释放治理空间 ……… (154)
 第五节 本章小结 ………………………………………… (156)

第七章 代际传承与债务融资安排的实证检验 ………… (158)
 第一节 代际传承与债务融资安排 ……………………… (159)

第二节　研究设计 …………………………………………（162）
　　第三节　实证检验与分析 …………………………………（163）
　　第四节　债务融资安排结果：稳健负债适应市场规则……（170）
　　第五节　本章小结 …………………………………………（171）

第八章　代际传承与投资安排的实证检验 …………………（173）
　　第一节　代际传承与投资安排 ……………………………（174）
　　第二节　研究设计 …………………………………………（178）
　　第三节　实证检验与分析 …………………………………（180）
　　第四节　投资安排结果：减少规模降低内部风险 ………（187）
　　第五节　本章小结 …………………………………………（188）

**第九章　步步为营："红脸"创始人与"白脸"继任者的
　　　　　传承之道** ……………………………………………（192）
　　第一节　创始人权威信任的形成 …………………………（192）
　　第二节　坚守家族社会情感财富 …………………………（196）
　　第三节　规则信任的推进与变革 …………………………（199）

第十章　研究总结、局限及政策建议 ………………………（209）
　　第一节　研究总结 …………………………………………（209）
　　第二节　研究局限 …………………………………………（211）
　　第三节　政策建议 …………………………………………（212）

参考文献 ………………………………………………………（215）

后记 ……………………………………………………………（236）

第一章 绪论

第一节 研究背景与意义

代际传承是家族企业永恒的话题,只要存在家族企业,就有代际传承问题与之相伴。由于家庭中存在利他主义经济效应,代际传承在家族企业里比较常见。国外大量关于家族企业的研究集中在代际传承方面(Miller et al., 2003; Wang et al., 2004),这是因为家族企业很难成功传承到第二代(Beckhard and Dyer, 1983)。

代际传承研究在家族公司治理领域占有重要地位。国外家族企业代际传承研究可追溯到20世纪60年代初期,研究围绕家族企业代际传承的表现形式、代际传承计划及代际传承后的治理特征等方面展开,形成一系列研究成果。随着改革开放初期建立的家族企业逐步进入代际传承阶段,中国家族企业代际传承问题也日渐得到重视。福布斯家族企业调查报告显示,2012年家族上市公司已经完成二代接班的比例约为7%,大量家族上市公司进入了一、二代共同掌权的时期,中国家族企业代际传承大幕已悄然拉开。

家族企业代际传承是将企业由创始人交给下一代的过程,它涵盖企业创始人专用性资产、品牌资产、有形资产等一系列资产的转移;它也涵盖供应商、客户、银行、股东等一系列利益相关者的契约变化；它还涵盖传承者与继任者情绪、亲属关系、员工关系等一系列因素互动。面对这样一个复杂的过程，以创始人为中心的控制家族应如何应对？

研究者已经做出明确回答，实施代际传承计划是有效途径，代际传承成功的关键在于充分的事前制度安排。Murray（2003）研究认为家族企业整个代际传承周期在3—8年。Barach和Ganitsky（1995）认为，对传承过程的准备应该是家族企业持续时间最长的战略安排，将对企业的持续发展起到关键的作用。Trow（1961）研究发现，在没有传承计划的家族企业中，约68%的子女表示自己缺乏竞争力，八成拥有传承计划的企业传承后表现出较高的利润率，而近七成缺乏传承计划的企业传承后出现利润率下降的现象。许多学者认为家族企业的延续依赖于代际传承计划，尽管如此代际传承计划却未引起足够的重视（Handler and Kram，1988）。

财务安排在代际传承事前制度安排中占据重要地位。代际传承后创始人专用性资产存在不同程度的流失（Fan et al.，2007），代际传承前需要调整治理模式并做出适当的财务安排。控制权配置是代际传承财务安排首先要考虑的问题。为应对传承后的不确定性，控制家族是否会重新配置控制权？而相对于股权融资更偏向选择债务融资的家族企业，进入代际传承实施期后家族企业的债务呈现怎样的特征？投资政策是代际传承财务安排的重要手段，为了规避未来事后成本的风险，家族企业在代际传承前期是否会采用减少投资的公司政策？

中国本土家族企业代际传承研究起步于20世纪90年代末期，相关研究并没有就上述问题提供过多探讨。然而，家族企业代际传承时期治理机制演进过程中的财务安排研究，是构成家族企业代际传承事前制度安排的重要部分，该研究有助于丰富中国家族企业的公司治理理论和代际传承理论。改革开放初期建立的家族企业已经进入权力交接期，本书的研究将从财务视角清楚展现中国首批家族企业代际传承的历程与特征。从控制权安排、债务融资安排、投资安排三个方面揭示代际传承时期中国家族企业创始人面临的挑战及其做出的布局。总之，本书将在理论研究的基础上，深入展开上市公司多样本实证检验，获取中国内地家族企业代际传承财务安排的经验数据，梳理和总结其一般规律，为开展代际传承的家族企业及管理部门决策提供经验证据。

第二节 概念界定

家族企业：早期研究偏向宽泛概念而不是实证，多来源于管理咨询者对家族企业的调研、建议，缺乏严谨性（Lansberg et al.,1988）。较为科学的研究发展于20世纪90年代末期和21世纪初期。Mcconaughy和Phillips（1999）将家族企业定义为创始人及其家族成员经营的企业；Anderson和Reeb（2003）认为家族企业是那些创始家族和创始人个人所有或担任董事的企业。可见定义家族企业主要有两个指标：一是创始家族掌握的所有权比例；二是家族成员占董事会的比例。Barontini和Caprio（1999）则明确给出了认定家族企业的比例标准，创始家族持股比例超过10%或者通过董事会掌握了超过51%的控制权时，该企业就被认定为家族企业。Faccio和Lang（2002）也明确指出创始家族的投票权应超过10%或者家族成员担任董事会主席、CEO等高管职位。现有的研究在认识家族企业概念时，通常将这些定义结合在一起。

国内关于家族企业的界定，比较综合的是将家族企业定义为：华人家族企业是家庭/家族资产占主导的家庭/家族关系契约和要素契约的结合体，是家庭/家族成员对企业的所有权和控制权保持拥有的一个连续分布的状态，不是某一具体形态，是家/泛家族文化规则在不同程度上导致组织行为的经济组织（储小平，2004）。它包括从所有权与控制权不可分离地被家族成员紧密持有的形式，到家族成员在企业上市后，对企业资产和经营管理仍保持临界控制权的企业。其规模可小至家庭作坊式，也可达到一个"企业帝国"。如同国外学者一样，国内学者对于家族企业的认定也强调家族控制，家族控制则体现在家族的所有权控制及家族成员的管理权控制两个方面，本书中所指家族企业具备家族控制及家族成员参与管理两个条件。

创始人：根据盖尔希克的研究，创立企业时掌握控制权的所有者即为创始人。创始人有两个明显的动机：第一个动机是他们成为企业所有者兼经营者的渴望，而不是简单地成为一名员工；第二个动机是对抓住并利用机遇的渴望。对寻求个体独立性、成为自己的主宰以及掌控自己生活的渴求与创业的渴望息息相关，重要的是对决策权的渴求是创始人的基本特征。家族提供的资本（包括廉价甚至免费的劳动力）是创始人最重要的经济来源。中国本土家族企业分为三类：第一类是创立，从零开始；第二类是改制，由国有企业、集体企业或乡镇企业等改制而成；第三类是并购，通过资本运作，由家族资本控制的企业。本书中创始人概念并不区分企业最初诞生形式，而是遵循盖尔希克的控制权与经营者的观点，强调创始人为企业的家族第一代领导。

共同创始人：与创始人拥有共同的愿景及价值观，共同参与企业的创立，不仅是创始人忠诚的追随者，而且在企业创立过程中起到非常重要的作用。共同创始人或为企业提供资本者，或为企业重要决策者。随着家族企业的成长壮大，共同创始人的地位与价值也得以提升，共同创始人掌握家族企业的销售渠道、生产瓶颈、技术开发甚至竞争优势等企业机密，创始人可能不得不为共同创始人提供特别的安排，以维持他们的忠诚。

控制家族：控制家族由对企业决策有影响力的家族成员构成，他们以创始人为代表，通过掌握股权、担任高管成员或进入董事会等多种途径影响企业的决策。控制家族对外拥有绝对的权威，但家族成员各自财务利益取向的不同也将影响到控制家族对待所有权的态度。控制家族是追求家族利益最大化的家族成员利益共同体。

代际传承：最初代际传承的定义较为宽泛简单，代际传承仅仅被认为是指"老板变了"。Beckhard 和 Dyer（1983）给出了较为严谨的定义：代际传承是指将企业的领导权从创始人传递给接班人的过程，接班人可以是家族成员也可以不是家族成员。领导权包括所有权和管理权两个方面，代际传承便涉及所有权和管理权两个方面的传承。但是 Handler（1994）强调代际传承的定义存在一个前提，即所有权必须保留在家族企业中，否则企业就不再能被称为家族企业了。也就是说，尽管传承给职业经理人也普遍被认可，尤其是在没有合适的家族继任者的时候，但绝大多数家族企业仍然是将企业传给自己的后代，这种传承有时并不讲究后代的能力和贡献（Kets de Vries，1993）。

本书所指的代际传承，首先强调的是代际间的传承，即：第一，传给家族的下一代而不是非家族成员；第二，传承必须包括所有权；第三，代际传承是一个长期的过程。中国本土家族企业的代际传承有自身新特征，由于成立时间短，代际传承是家族企业的首次传承，即创始人与其二代之间的传与承。其次，正由于是首代传承，中国本土家族企业的代际传承绝大部分是包括所有权与管理权的传承，仅传承所有权而将管理权传承给非家族成员的情况并不多见。

代际传承实施期：按照代际传承过程中子女入职、子女进入高层管理团队或董事会以及子女任董事长等几个关键时点将家族上市公司传承过程划分为四个阶段：第一，准备期，子女入职拉开代际传承序幕；第二，实施期，子女在高层管理团队中任职是创始人有强烈的意愿将控制权传给子女的标志（Chrisman and Patel，2012），子女进入高层管理团队或董事会则迈出代际传承的关键一步，它代表着代际传承预期；第三，准传承期，子女任董事长（或者任集团公司总经理以上职务）表示创始人已将公司经营权交给子女，创始人已经让出管理权；第四，完成期，继任者任董事长且传承者已没有任何控制权时，可视为代际传承已完成（Fan et al.，2012），实际研究中往往将准传承期视同传承已完成。本书以下的研究将从子女进入高层管理团队或董事会至子女正式担任董事长之前的这段时期认定为代际传承实施期。

第三节 研究的基本思路、内容与框架

一 研究的基本思路

我们认为,相对于主流的"契约治理模式",基于中国特殊的文化背景,家族企业的治理结构总体上是一种"关系治理模式"。但由于创始人专用性资产中最核心的"家族权威"很难完全传承,创始人和后代之间的不对称利他主义也会导致继承人的家族观念及利他行为出现异化,这些变化客观上需要一种制度安排来进行矫正,即对"权威信任"进行"规则信任"矫正。因此,代际传承中家族企业治理结构是以"基于权威信任的关系治理"向"基于规则信任的关系治理"的演进过程。

在代际传承过程中,创始人的"权威信任"往往很难完全传承,为弥补这一缺失,在整个传承期内,控制家族往往会通过稀释部分控制权的方式来为规则治理释放空间,建立基于规则信任的公司控制权治理结构。同时,处于家族成员中尤其是创始元老中的继承人为弥补"家族权威"等专用性资产流失,需要建立"规则面前人人平等"的绩效评价和考核体系。

进入代际传承实施期的家族企业为应对事后成本影响的不确定性,往往会表现为谨慎的投资策略、更低的负债规模、更长的债务期限及更高的短期偿债能力等财务特征。同时,在代际传承过程中,创始人的权威信任关系逐渐被打破,过去基于关系契约等软信息从政府部门、银行、市场获取各种资源,转为需要通过财务报表、资产抵押及资信评估等硬信息的严格评判获得,这将对企业会计政策的选择与信息披露带来影响。从理论上说,这种影响将导致会计政策更稳健、更规范;但在不同的市场环境下也会导致企业进行盈余管理。研究的基本思路如图1-1所示。

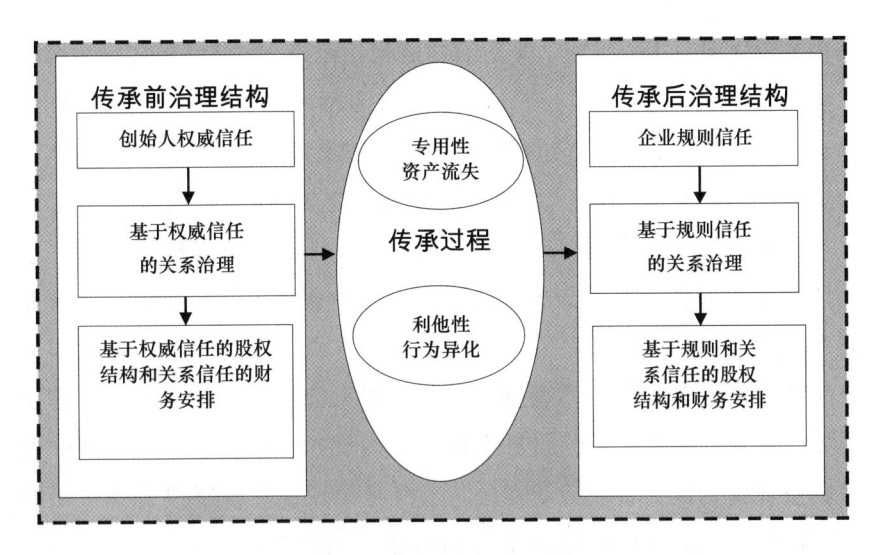

图 1–1 研究的基本思路

二 研究内容与框架

本书共 10 章,每一章的安排如下。

第一章:绪论。阐述了论文选题的背景和意义、主要概念的界定、研究的思路与框架、创新点与新发现。

第二章:文献回顾与评述。分家族控制研究、家族企业代际传承概述及代际传承的事前制度安排三个部分对国内外文献进行了回顾,并结合中国本土家族企业实际情况,就相关研究进行了评述。

第三章:代际传承时期公司治理理论研究:关系治理机制的框架。本章首先从关系的概念、特征入手,梳理了家族企业的关系脉络,在此基础上提出家族企业关系治理的概念,并进一步深入提出家族企业关系治理的目标与静态和动态框架,详细分析了关系治理机制的基础、保障与运行。对家族企业的关系治理机制内涵做了全面的剖析,关系治理遵循"关系—信任—约束—治理"的路径。接着本章又从数理角度分析了创始家族关系治理机制变革的影响因素。

第四章:代际传承时期公司治理理论研究:关系治理机制的演进。在前文基础上,深入分析创始人经营时期基于权威信任的关系治理理论，然后从动态视角研究了关系治理机制受到的冲击及其随代际传承的演变，代际传承准备期基于权威信任的关系治理机制瓦解，进入代际传承实施期后，基于规则信任的关系治理机制成为主导。关系治理机制依赖的路径发生改变，代际传承的过程也是关系治理机制演进的过程。

第五章：关系治理机制演进下的财务安排。财务安排是实现公司治理目标的重要内容，本章将从权威信任关系治理机制下的家族企业财务展开分析，拟从政府关系、银企关系、股东关系及员工关系四个方面分析家族企业财务环境改变，基于规则信任的关系治理机制建立需要，家族企业做出新的财务安排。这些财务安排表现为三个关键模块：控制权安排、财务活动安排、财务考评设计。控制权安排将从股权、董事会构成及管理权三个方面讨论，而财务活动安排则从融资、投资、财务考评机制、股利分配及财务信息等方面讨论，财务考评设计则从考评导向、体系设计及补偿机制等方面展开讨论。

第六章：代际传承与股权安排的实证检验。股权安排意味着家族企业财务利益分配权的调整，本章将利用家族上市公司作为样本，实证检验进入代际传承实施期后家族企业的股权安排。本书从理论分析及案例现象入手提出研究假设，通过手工收集相关研究数据，就进入代际传承实施期前后的股权变化趋势进行实证检验，并分析了股权安排的作用。

第七章：代际传承与债务融资安排的实证检验。随着创始人权威的退出，规则信任关系治理机制渐为主导，银行及信用社等金融机构的借款由关系型契约基础逐渐向保持距离型契约基础转变，势必影响家族企业的债务特征。本章仍以正处于代际传承实施期的家族上市公司为研究对象，实证检验家族企业代际传承时期的负债规模、债务期限结构及流动性方面的安排，并分析了债务融资安排的作用。

第八章：代际传承与投资安排的实证检验。本章从理论及案例分析入手，就家族企业的投资特征展开具体分析。长期投资规模反映了企业的风险态度，而关系治理机制演进过程本身就蕴含了较大的运行风险，这一时期的家族企业应调整长期投资规模，降低投资风险，配合企业内部治理机制变革，进而利于代际传承的成功。本章仍以正处于代际传承实施期的家族上市公司为研究对象，实证检验家族企业代际传承时期长期投资的变化，并分析投资安排的作用。

第九章：步步为营："红脸"创始人与"白脸"继承者的传承之道。本章首先从三力士创始人权威信任的形成入手，分析家族社会情感财富的积累与坚守，并通过公开资料、信息报道等，展现了三力士进入传承实施期以来，如何在控制权、债务融资、长期投资、财务考评等方面对传承进行支持。

第十章：研究总结、局限及政策建议。本章首先对本书主要的结论做了理论总结并提出了相关的政策建议。然后分析了样本量、时间跨度、数据可得性等一系列研究局限。最后对后续研究做了简要说明。

本书的逻辑框架如图1-2所示。

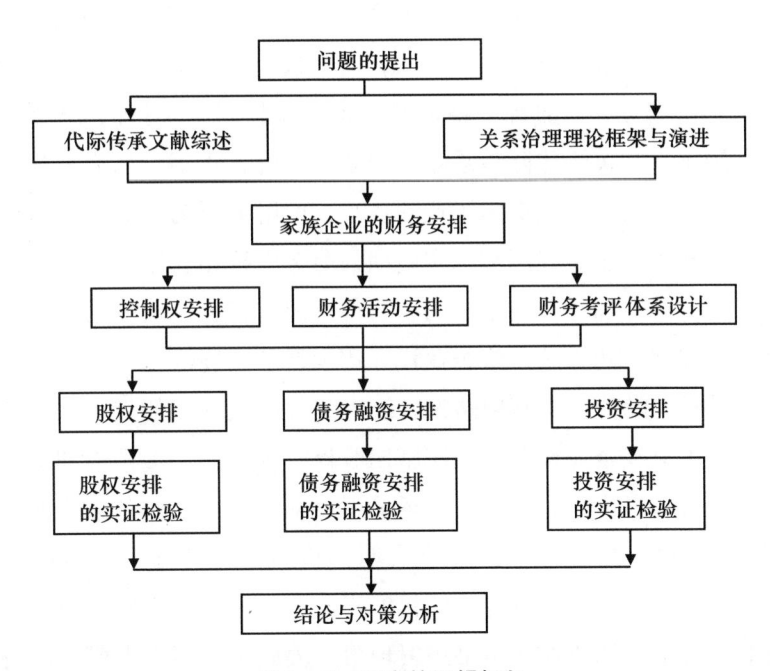

图1-2 研究的逻辑框架

第四节 创新点与新发现

本书主要的创新点与新发现表现在以下几个方面。

提出代际传承及家族企业关系治理的理论分析框架，在分析家族企业关系治理理论基础上，创新提出针对代际传承特殊时期（3—8年）的治理机制。代际传承阶段是基于权威信任关系治理机制向基于规则信任关系治理机制的转变过程，创始人经营时期，家族企业的公司治理是基于权威信任的关系治理，而随着代际传承的到来，创始人退出经营的预期打破了这种权威信任体系，家族企业亟须一种新的主导信任体系以实现治理，"权威"作为重要的创始人专用性资产将随之流失，"规则"能有效管理"权威"缺失带来的混乱，因而基于规则信任的关系治理机制是家族企业治理机制变革的方向。

丰富了家族企业的代际传承理论，结合中国家族企业的实践，利用代际传承阶段性划分依据及方法，研究权力正式交接前期的企业财务行为。正式交接前的若干年是家族企业各种制度安排的关键时期，因此有别于以往关于代际传承相关问题的研究，本书将研究的焦点聚焦在正式交接前，重点探索了代际传承前的财务行为是如何支持代际传承的，即家族企业代际传承实施期的财务安排相较于之前有怎样的变化。这一研究加之目前主流的正式传承前后家族企业的财务问题研究，将构成完整的一条家族企业代际传承财务轨迹链。

通过对代际传承实施期的家族上市公司股权安排的实证检验及分析，发现了家族企业代际传承实施期股权安排规律。关系治理机制演进对财务安排提出新要求。家族稀释了手中的股权，控制家族的持股比例显著下降。更进一步的研究表明，家族企业特征会影响财务安排，两权分离度高时股权稀释的幅度降低，这体现了家族企业关系治理机制演进下的异质性。本书还发现第二大股东至第十大股东的持股比例出现显著下降，这不仅说明中大型股东可能并不看好家族企业的代际传承，更重要的是，说明控制家族可能有计划地将股权稀释给关键岗位员工，而不是单纯地抛入流通市场以换取流动性资金，更不是将股权转让给中大型股东。将股权转让给关键岗位员工实则是帮助建立辅佐接班人的团队。

通过代际传承实施期的家族上市公司债务融资安排的实证检验，发现了家族企业代际传承实施期债务政策安排的规律。表现在：与进入代际传承实施期前五年相比，进入传承实施期后五年表现出更低的资产负债率、更大的长期债务比重与更高的流动比率。我们认为，"权威"让位于"规则"的关系治理机制演进要求家族企业做好适应市场规则的准备，代际传承最大的成本来自专用性资产流失带来的事后适应性治理问题，既然事后成本不可避免，这意味着为今后可能发生的事后成本创造一个宽松的债务环境非常必要，负债政策的调整是事前财务安排的表现之一。

代际传承实施期的家族企业财务安排还体现在长期投资方面，我们发现家族企业代际传承实施期的长期投资规模显著下降。我们分析认为，关系治理机制演进本身意味着较高的运行风险，而长期投资的风险也很大，创始人为了降低代际传承时期的总风险，调整长期投资规模是必要的措施，因而进入代际传承实施期后，企业的投资更保守。进一步的研究并未证实以往研究所提出的高管性别对长期投资规模的影响机制，更加说明代际传承实施期是创始人与继任者互动的过程，单一个体特征可能不能发挥显著作用，这是关系治理机制演进中的家族企业不同于平常的表现之一。

第二章 文献回顾与评述

家族企业的研究是各国经济体的重要部分，一直以来也是学术界研究的重要对象。家族企业研究始于概念的界定，聚焦在家族控制权。由于家族与企业的联合，所有权与经营权统一起来，展现了不同于传统公司治理理论的独特一面，因而被认为是减轻代理问题的有效模式。尽管家族控制最大可能地消除了第一类代理问题的土壤，但在中小投资者法律保护欠缺的国家，家族控制却成为第二类代理问题的主要原因。主流的研究包括家族控制独有特征下的治理效率、家族控制权私利、家族控制权的代际传承等问题，其中家族控制权的代际传承则持续受到研究者的关注。

如何将家族控制权成功在代际间传承是国内外家族企业研究的重要内容。西方对代际传承的研究始于 20 世纪 60 年代，发展于 20 世纪八九十年代，于 21 世纪初达到高峰，至今代际传承研究在国外家族企业研究中仍占有重要一席，研究议题随时代变化不断推陈出新。相比较而言，国内对代际传承的研究滞后一些，正式起步于 20 世纪 90 年代末期，伴随改革开放初期创立的企业逐步进入代际传承阶段，实践对代际传承研究需求愈加迫切，代际传承相关问题研究正成为国内家族企业研究学者责无旁贷的任务。代际传承，控制家族首要关心的是怎样才能成功，其中包括一系列的问题：为什么要进行代际传承，代际传承的风险问题，代际传承过程中的内部治理与外部治理问题，代际传承后的经营问题，等等。独特的家族文化土壤孕育出极具特色的本土家族企业，加之国内的制度环境、社会环境，本土家族企业的代际传承研究基础、研究视角及研究重点与西方发达国家代际传承有所不同。在开展研究之前，我们首先拟对国内外已有成果围绕上述问题进行梳理。

第一节 家族控制研究

家族企业是诸多国家的重要经济体。在美国，家族企业贡献50%—60%的GNP、60%左右的就业人口，约35%的财富500强公司为家族控制（Astrachan and Shanker，2003）。亚洲国家中家族企业也有较高的地位（Claessens et al.，2000），由中国民（私）营经济研究会家族企业研究课题组发布的《中国家族企业发展报告》（2011）显示，民营企业约贡献50%的税收、吸纳70%以上的就业人员，而90%的民营企业是家族经营，其他国家也大致如此（Morck and Yeung，2003）。

一 家族所有权与企业价值

传统的财务方面研究文献较少涉及家族所有权怎样影响公司运营继而影响其业绩和价值，研究的很长时间都聚焦在普通公司的所有权与公司价值上。最早的观点认为所有者与管理者的利益并不总是统一的，在私有控制下公司资源可能没有被充分利用，因此得出控制与业绩的关系应该是负相关的结论，所有权和经营权分离才可能形成有效的经济组织。

家族企业的所有权和经营权通常并不分离，因此与非家族企业相比，所有权程度较高的家族企业创造了更低的价值（Holderness and Sheehan，1988），不仅如此，所有权、经营权统一的家族企业倾向于将个人的利益放在公司利益的前面，选择现在而不是将来消费（Fama and Jensen，1985），也导致了家族企业的预期业绩会低于非家族企业。

但随后的较长时间里，大量研究论证了家族所有权与公司业绩的正相关关系。尽管所有权和经营权没有分离，特有的家族关系却加强了员工之间的信任与和谐（James，1999），企业的成功意味着家族名誉的增加，因此他们倾向于做出更长时间的决策规划，也希望后代能够继续推动企业的繁荣，与非家族企业相比，有更低的监督成本、更高的信任度及信心、更注重长期利益。研究者甚至提出家族企业是最优效率的组织，可以最大限度地降低信息不对称（Daily and Dalton，1992），集中的控制权极大地缓解了所有者与管理者之间的冲突，而且家族控制与审计费用负相关（Chiraz and Cedric，2014）。

另外，资源基础理论从另一角度解释了家族企业更优秀的原因，即家族企业拥有独特的资本使其获取竞争优势（Habbershon and Williams，1999）。Carney（2005）强调三个重要的潜质：节约、人格和特殊主义是发展中国家的家族企业社会资本优势，而且家族企业在进入市场的速度、灵活性和弹性、市场细分方面有独特的才能和资源。Anderson 和 Reeb（2003）进一步指出，家族企业比非家族企业的公司价值高出 10%。通过 150 家西班牙上市公司的纵向数据研究，Gorriz 和 Fumas（2005）发现家族企业并不比非家族企业财务业绩差，而 Lee（2006）也发现了家族企业较高的雇佣稳定性和员工忠诚性特征。

然而，Schulze 等（2003）却一针见血地指出家族企业存在较为严重的内部代理问题会增加运行成本。家族所有权具有两面性，它一方面有助于减少代理成本，另一方面必须面对家族成员与非家族成员之间的冲突和矛盾；一方面提高了决策，另一方面易带来家族成员间的利益分歧，由家族控制带来的内部代理问题也可能阻碍家族企业的发展。

国内关于家族所有权与公司价值的研究颇多，但同样也未形成一致的结论。苏启林（2004）对家族控制的上市公司价值进行了分析，发现金字塔股权结构恶化了代理问题，并指出上市公司最根本、最严重的代理冲突是流通股与非流通股割裂导致的控制性个人或家族股东与外部股东的代理冲突，控制性个人或家族股东偏好于将上市公司边缘化为"圈钱"机器，并借助其不断掠夺外部股东利益，从而降低了家族上市公司价值。

研究者注意到家族控制存有不可忽视的弊端。家族企业过多地控制企业股权，强化家族权威不利于家族企业成长，家族持股量与企业营业收入存在显著的负相关关系，与毛利率也存在显著的负相关关系（贺小刚等，2007）。家族关联大股东持股越多、在董事会或董监高中所占席位的比例越大，家族企业的关联交易行为越严重，公司价值折损也越厉害。王明琳等（2010）将家族企业进行了细分，深入研究了民营上市公司家族治理与企业价值之间的关系，研究结论表明，总体而言民营上市公司的家族治理降低了企业价值。这些是因为大多数学者的研究都是假设专业化管理竞争力高于家族式管理的竞争力。

然而对家族企业而言，创始人若能利用自身权威构建一套执行系统，则有可能会使企业在较低的代理成本下取得核心竞争力。也有研究者认为，家族控股形成了独特的家族企业治理表现，中国本土家族控制下的企业业绩并不逊于非家族企业。孙永祥（2001）的研究发现民营家族类上市公司在总资产收益率及托宾 Q 两项指标上远远优于国有上市公司，周立新、陈凌（2009）利用浙江和重庆两地的样本研究了家族控制对家族企业业绩的影响，发现家族控制对家族企业利润积累有显著的"倒 U"形影响，在一定的持股比例内家族控制有利于业绩的提升。另外，国内不少的研究还从金字塔、家族持股等多个方面考察了家族控制与公司价值的关联度（许永斌、郑金芳，2007；陈晓红等，2007；冯旭南等，2011）；还有一些研究则考虑了股权分置改革对家族控制与公司绩效的关系的影响（廖理等，2008），发现股权分置改革改变了家族的利益倾向，从而增加了公司价值。

二 家族成员管理与治理效率

家族控制不仅表现在集中的股权方面,还表现在管理结构方面。家族成员担任 CEO、董事长或副董事长,掌握企业的管理决策权,依靠股权优势的家族成员参与管理对企业业绩的影响也引起学者们的研究兴趣。Schulze 等（2003）发现家族企业通常受创始家族所累,不得不面对内部关系的无序,比如亲属矛盾等,这些可能将影响公司决策与成长。

不论家族成员的工作业绩和职业素质如何,家族成员在企业中均占有重要决策地位。控制家族有权安排家族成员进入董事会而不考虑其是否具备提供独立建议的能力,或随意雇佣家族成员而不考虑其是否适合岗位（Cruz et al.,2010）等,能力不足的家族成员占据关键管理职位成为阻碍家族企业发展的重要因素。在许多家族企业中,家族成员担任 CEO 在管理上呈现出的特征有缺乏持久控制力、企业功能失调、给予非家族成员激励较少等。由于家族处于控股地位,家族人员参与管理编织成家族企业的决策网络,尽管有增加决策的执行力的可能,但最终是否能使得家族核心竞争力得以持续还不确定。

也有研究表明,正是由于家族成员的参与才使得家族企业有更好的表现。研究认为,创始人担任 CEO 与公司价值正相关（Anderson and Reeb,2003）,比如 Villalonga 和 Amit（2006）发现创始人经营的家族企业业绩优于后代,这是因为创始人独特的竞争力难以传递给后代。Barontini 和 Caprio（2006）的研究则表明创始人管理与公司价值显著正相关,另外家族持续经营带来了巨大的名声效应,从而促进了公司价值的提高。Anderson 和 Reeb（2003）还特别强调家族企业的业绩只有在创始人担任 CEO 时才优于非家族企业,但 Beek 和 Cho（2017）则提出二代参与管理使得家族企业创造出更优秀业绩的观点。Amore 等（2017）认为家族企业中的夫妻搭档能更好地应对代理问题及更复杂的环境,对于改善劳动生产力有显著的效果,因而比非夫妻搭档的家族企业业绩更好。究竟什么样的家族参与才能获得更优的表现？González-Cruz 和 Cruz-Ros（2016）对此进行了总结，他们认为有以下三类情况：家族 CEO 加上较多非家族董事、创始人任 CEO 且高管中无家族成员、低股权集中度且非家族成员任高管。

国内关于家族成员管理研究也颇为深入，由于中国传统文化深厚，家族成员参与经营管理的情况相当普遍。家族企业发展阶段，家族成员介入经营管理的比重越大，企业价值越高；当家族企业成熟时，家族成员介入的比重越大，企业价值越低（苏启林、朱文，2003）。在家族企业发展的不同阶段，家族式管理的竞争力与专业化管理的竞争力并不相同。贺小刚、连燕玲（2009）以所有具有亲缘关系的家族成员作为研究对象，研究发现家族权威与家族上市公司价值之间存在显著的非线性关系。

王明琳等（2010）认为在管理维度上，创立者本人担任总经理提升了企业价值，创立者的家族成员担任总经理与企业价值不存在显著相关性，但是家族成员担任经理的数量与家族企业价值显著负相关，表明家族内部的利他行为不是缓解而是加重了控制者与家族经理人之间的代理问题。徐鹏、宁向东（2011）研究认为家族化管理降低了家族上市公司的价值和盈利能力，具体来说，家族成员出任 CEO、参与企业管理的家族成员数量及家族二代参与企业管理均对家族企业价值有负向影响。这表明，目前中国家族上市公司中家族参与企业管理后由家族关系带来的"自我控制""裙带主义"和"机会主义行为"等负面效应可能超越了委托代理成本降低等正面效应并占据了主导地位。

李新春、陈灿（2005）以家族企业领导作为对象进行了问卷调研，考察了关系治理和契约治理这两种治理手段在家族企业中的运用。贺小刚等（2010）又从家族成员组合的角度研究了家族企业关系型控制对公司治理效率的影响，将家族组合模式细分为核心家庭成员主导型、远亲家族成员主导型及复合家族成员主导型三种类型，并从理论上论证了不同的家族成员组合模式对公司治理效率的影响。连燕玲等（2011）探讨并实证检验了家族代理人内部的权威配置机理及其对公司治理效率的影响。他们认为家族成员在配置资产所有权时偏好"亲缘至上"的原则，即更关注亲缘关系而不是经营能力的强弱，而在配置家族资产管理权时则更偏好"能力至上"的原则，即更关注家族代理人经营能力的强弱而不是亲缘关系程度。贺小刚等（2013）检验了业绩反馈理论在家族内部权威配置上的表现等，在企业的实际业绩超过经营期望水平时，超额收益越高则家族企业主越倾向于将权威配置给经营能力最强的家族代理人，同时还会产生一种亲缘效应，即对核心家庭成员而不是远亲成员赋予更多的权威。Xu 等（2015）研究发现创始人政治关系对于子女参与经营决策具有重要的影响，拥有政治关系的创始人更愿意安排子女而不是外部职业经理人担任董事长、总经理或董事。

从国内外的研究来看，家族成员参与企业管理对公司价值的影响研究结论并不统一，在某些特定情况下家族成员参与企业管理能促进公司价值。首先，这与家族企业的异质性分不开，由于企业打上了家族烙印，创始人、家族成员价值观相差很大，家族的氛围相差也很大，因此不同时期、不同地区的家族企业样本做出的结论也不尽相同。其次，研究的理论依据不同。不同的研究者运用不同的公司治理、业绩、家族管理理论。许多理论来源于西方，其用于检验其他环境中的家族企业不太适用。最后，许多前期的研究运用案例等描述性研究方法，也缺乏数据的实证检验。

尽管家族控制可能会阻碍企业价值的提升，但家族企业的业绩表现整体优于非家族企业，尤其是创始人担任 CEO 的家族企业。该研究结论从一个角度解释了家族企业存在甚至延续数代的原因。控制对于家族企业的弊端在一定程度上被忽略了，比如由家族控制带来的"自我控制""裙带主义"等对企业而言存在负面效应，但对控制家族本身而言可获得利他行为的满足感。控制对于家族的意义才是家族企业代际传承真正吸引力所在。

第二节 家族企业代际传承

一 代际传承动因

家族控制议题研究颇为丰富，但为什么要进行控制权的代际间传承，即动因是什么并未引起国内学者关注，实践中代际传承也被认为是一件自然而然的事。创始人将家族企业传给子女侄婿等家族成员，一般不会传给非家族成员，比如华人家族企业李锦记集团已启动第五代子孙传承的程序、本土家族企业传化集团创始人徐传化先生将企业传承给儿子徐冠巨、兰州黄河集团创始人杨纪强先生将企业传承给儿子杨世江等。规模大的企业帝国如此，规模小的企业作坊亦是如此。国外学者就代际传承的动因提出了以下几种解释。

（一）父代利他主义

家族企业创始人通常扮演利他主义行为实施者，后代或其他家族成员是利他主义行为对象，通过将控制权传承给后代，实现利益内部化、家族效用最大化。贝克尔（1981）从行为角度研究利他主义的经济效应，认为通过利他主义者捐赠的变化，其他一切家庭成员都会被引导去承担一部分责任，又由于利他主义家庭有较多保障，因为他们比利己主义家庭的成员更愿意采取提高自身收入可能性的行动。当然，利他主义的捐赠者和利己主义的受益者之间的利益一般不一致，但他们之间的利益冲突并不意味着他们在行为选择之间的冲突。存在利他主义行为的家庭，总是考虑家庭收益内部化，获得最大化的家庭效用。

Lubatkin 等（2007）将家族企业创始人对子女的利他分为强调原则基础的利他和强调家族亲情的利他两种，前者偏重于满足创始人和企业的需要而较少顾及子女的需要，后者则相反。现实中表现为两种具有明显差异的利他行为：一是逼迫子女按照家族意愿掌管企业；二是尊重子女意愿或按照子女的要求接管企业或仅传承财富不传承管理权。父代利他主义是代际传承的主要动因，国内家族企业尤为明显。

（二）个人享受

Demsetz 和 Lehn（1985）提出潜在享受（Amenity Potential）这一概念，用来描述个人的非金钱利益。有的创始人经营企业出于个人潜在享受，与自身的兴趣爱好紧密联系，比如球迷开办俱乐部、美食爱好者创立餐饮企业等。家族企业创始人重要的任务之一是将企业传到下一代手中，通过代际传承实现自身价值，这样即便创始人退位了也能体会到控制企业的乐趣，也能向企业员工展现权威（Davis，1968）。

个人享受可以部分解释管理权在代际间传承的现象。为了实现个人抱负以及传递家族信仰，创始人倾向于将企业传给后代，自己退休时由子女继续经营企业能增加创始人的愉悦感。如果说创始人的利他主义行为解释了创始人将巨额财富传承给后代的慷慨行为，个人享受则解释了为什么创始人十分强调由后代亲自掌管企业而不是仅希望后代做股东坐享其成。将他们自己的事业传递给子孙并世代相传才算真正地实现创始人的梦想。

（三）社会情感财富目标

Gomez-Mejia 等（2007）、Zellweger 和 Astrachan（2008）提出社会情感财富（Socio-Emotional Wealth）、情感价值（Emotional Value）和情感基金（Affective Endowment）概念，描述未能通过企业财务成果解释的控制方拥有的非财务利益价值。Berrone 等（2012）认为社会情感财富理论可以很好地解释各种不同发展阶段的家族企业行为，其中包括代际传承。社会情感财富理论的五个方面分别为：家族的控制和社会影响力、家族与企业的啮合、家族利他主义行为的实施、家族独特情感氛围及家族与企业关系的永续。控制家族的社会情感财富是反映控制家族的归属感需求、家族共同价值观追求、家族的社会身份和影响力获取及家族权威实施等方面的非财务目标集合。

社会情感财富理论根植于家族企业（Gomez-Mejia et al., 2007），相对于家族企业，非家族企业的社会情感财富表现为短暂、冷漠及功利等特点，其强度、持久度及紧密度无法与家族企业的相比（Block，2011）。Dyer 和 Whetten（2006）认为关系给家族与企业贴上天生的、唯一的身份标签，可见家族和企业是一体的。Zellweger 等（2012）指出家族与企业关系的可持续性是社会情感财富的一个核心方面。实际上对于家族企业的创建者来说，公司不仅仅是可以轻易出售的资产，更是可遗传给后代的家族长期投资，为后代坚持经营已成为家族企业关键的非财务目标。

综合来看，推动家族企业代际传承的因素是控制家族的社会情感财富。控制对于家族来说意味着社会情感财富目标的实现，控制权延续是家族社会情感财富延续的保障。

二　代际传承过程观

很早以前研究者便提出代际传承不仅是权力交接的一个事件，更是一个过程，涵盖传承前后的整个阶段（Gordon and Rosen，1981），代际传承的过程观基本得到一致认同。更确切地，Longenecker 和 Schoen（1978）提出领导权和管理权的转移是一个从接班人幼年时代就开始的长期过程。关于代际传承的阶段的划分，大致有如下几种。

首先，Longenecker 和 Schoen（1978）的传承七阶段模型：第一阶段是继任者意识到接班事实；第二阶段是继任者开始熟悉企业；第三阶段是继任者在企业里兼职；第四阶段是继任者成为企业的正式员工；第五阶段是继任者承担更多的管理责任；第六阶段是继任者担任高管；第七阶段是继任者成为组织的最高领导人。

其次，Churchill 和 Hatten（1987）的传承四阶段理论：第一阶段是所有者经营时期，所有者是唯一权力决策中心；第二阶段是培训时期，后代在这一阶段学习如何管理企业；第三阶段是父子共同合作时期；第四阶段是权力转移时期，权责在这一时期完成交接。

最后，Handler（1990）的三阶段模型：继任者的培训与发展；继任者参与经营；领导权交接。后代家族成员在企业中由"没有角色"到"帮助者"再到"领导"几个阶段构成。

国外关于代际传承的过程观并没有较多争论，代际传承的阶段划分、模式自然成为国内学者初期研究的重点。晁上（2002）认为由于存在继承人与掌门人、普遍凝聚力和家族企业生命周期三个影响因素，家族企业进行权力代际转移应该分为准备阶段、融合阶段前期、融合阶段后期和移交阶段。陈凌、应丽芬（2003）借鉴家族企业所有权、家庭、企业三极发展模型对国内外家族企业较为普遍的子承父业模式进行理论分析，他们指出中国当前家族企业由于受社会环境、企业成长阶段、企业背景、企业规模及产业特点和性质等因素的多重影响而会呈现出多样性结果，其中子承父业模式仍然是主流继任模式。李蕾（2003）提出家族企业的代际传承分为表层的职位传递，深层的所有权、控制权和经营权的传递，核心层的事业传递，指出代际传承可分五个阶段完成：第一阶段后继者完成正规教育；第二阶段后继者正式负责某项具体工作；第三阶段后继者进入管理高层；第四阶段后继者全面负责公司事务；第五阶段后继者完全负责企业的经营决策。

还有许多研究均以代际传承的过程观为前提展开（窦军生、贾生华，2008；宋继文等，2008；余向前，2009），将家族企业的代际传承过程分为传承计划、实施过程及结果评估三个步骤。其中宋继文等（2008）基于组织行为学与社会学的视角，对中国家族企业代际传承实施过程中接班人的培养机制进行了较为系统的探讨，对能力、资本、权力及文化四个方面的传承问题进行了深入研究，尝试有理论依据地（比如：胜任素质的冰山模型、结构洞等）回答传承过程中的具体操作问题。实践中，代际传承是长达数年的复杂过程。①

---

① 方太交接班的原则，其中最具代表性的是三个"三年"政策——带三年、帮三年、看三年。茅理翔：《家业长青——构建中国特色现代家族制管理模式》，浙江人民出版社2008年版，第232—234页。

三 代际传承前后差异

尽管代际传承过程观深入人心，但正式传承（董事长更替）却是具体事件，这也就为学者研究代际传承提供天然的分水岭。代际传承前后的治理差异对比研究是家族企业代际传承问题研究的重要内容，上一代经营时期的特征与后代经营时期的特征进行比较，可直观地反映代际传承的效果。Anderson 和 Reeb（2003）以美国上市公司为研究对象，研究发现家族控股且由创始人担任 CEO 的企业业绩明显超过非家族企业，但这仅代表家族企业传承前的表现。传承者与继任者进行控制权交接之后，家族企业行为会发生变化，代际传承前后的财务业绩、治理特征、资本结构及会计特征等方面均表现出显著的差异。

Cucculelli 和 Micucci（2008）以意大利企业为研究对象，通过对比传给家族成员和传给外部人的两组不同企业传承前后三年的财务数据，发现传给家族成员常常伴随着较差的经营业绩，传承后的资产回报率平均下降 2.4 个百分点，销售利润率平均下降 1.6 个百分点，这种情况在成熟行业或竞争激烈的行业更明显；另外，家族接班人平均比非家族接班人年轻八岁，家族成员接班人通常比经过竞争选聘的 CEO 传承后三年的资产回报率低 14 个百分点，市值比低 16 个百分点（Francisco，2006）。关于代际传承前后业绩的主要分歧在于：一种观点认为代际间传承会缩小 CEO 选择范围，家族成员不论能力高低直接进入高层会增加企业风险，降低业绩水平；另一种观点认为代际间传承能够维持较低的代理成本（Anderson and Reeb，2003），便利家族投资与合作，有利于家族企业的业绩提升。

Steier 和 Miller（2010）就创始人传承前后的公司治理理念进行比较，发现传承前后企业的目标、角色、内部政治结构、行为和文化均发生变化，传承前主要以家族利益为中心，传承后则更多地以企业利益为中心，因而治理更偏重管理职业化。Westhead 等（2002）研究认为第一代家族企业与以后各代继任的家族企业的 CEO 均倾向于从控制家族中产生，都拥有规模较小的管理团队，但是两种企业也有一些明显的差异，如 CEO 在后代公司做学徒的时间长于首代公司；后代公司更倾向于雇用家族控制人做经理，并且拥有更大的董事规模和更高的外部非执行董事的比例，第一代公司管理蓄水池浅，不善于选择外部管理专家解决潜在的管理和战略弱势问题。

Molly（2010）以 152 家中小企业 1991—2006 年的面板数据，检验了家族企业传承对财务结构和业绩的影响。研究结论表明，公司由第一代传到第二代与负债率负相关，即负债率是下降的，但以后各代的传承（第二代传给第三代，以此类推）与负债率是正相关的；第一代到第二代的传承使得成长率下降，以后各代传承与公司的成长率没有显著关系；没有证据显示家族企业的利润率受传承的影响。Fan 等（2012）以中国香港、中国台湾及新加坡三地的 205 个家族企业传承前后五年的数据，检验了传承前后会计特征的变化，研究发现，由于契约环境的变化，家族传承后的会计信息更透明，较之传承前的会计盈余更稳健。Xu 等（2015）发现二代参与可增加公司的业绩，尤其是当外部监管水平较低，存在严重的代理成本时，二代参与对公司业绩的增加作用更明显。

与国外家族企业发展史不同，中国本土家族企业的发展历史不长，尚缺乏代际传承前后治理差异对比研究的数据基础，因而国内关于该问题一般仅限于案例分析，鲜见的定量研究均依赖调查问卷完成。尽管目前研究存在困难，但随着时间的推移，该问题预期很快将在国内代际传承领域内掀起一股研究热潮。

第三节　家族企业代际传承的事前安排

如前文所述，国外的经验证据表明代际传承后家族企业业绩出现不同程度的下降，这促使人们反过来再次审视正式传承的事前安排，进一步突出代际传承的风险意识，以及代际传承计划的重要性。

一　代际传承风险

控制家族普遍属于风险厌恶者。Shleifer 和 Vishny（1986）发现大股东的存在，比如在家族企业的控制家族，会通过避免高风险的具有正现金净流量的投资项目以降低公司的风险。行为代理理论认为由于代理人利己主义特点，比起追求未来财富最大化，代理人更关注现有财富损失的最小化（Wiseman and Gomez-Mejia, 1998）。家族企业所有者通常为企业的负责人，遵循行为代理理论，其更追求现有财富损失的最小化，与获得最大化财务利益相比，家族企业领导者更倾向于避免情感上的损失，家族企业所有者较难接受家族的失利状态，这促成家族企业的低风险决策。

代际传承被列为家族企业面临的经营风险之首。结合非家族企业领导权传承文献，De Massis 提出家族企业代际传承五大风险来源：个人因素、关系因素、财务因素、环境因素及过程因素，深入翔实地概括了家族企业代际传承的风险表现。

具体而言，个人因素方面的风险主要表现为：传位者欠缺选择接班人的能力、传位者或潜在接班人突然死亡、离婚再婚或新接班人诞生等。关系因素的风险主要表现为：在家庭成员的关系方面，接班人与员工存在冲突与竞争、缺乏共识，家族缺乏对潜在接班人的信任，潜在接班人缺乏家族的支持等；在外界的关系方面，员工与潜在接班人及家族成员间的冲突、外界对潜在接班人的不信任、外界对潜在接班人的不支持等。财务因素的风险表现为：不能满足代际传承的财务预算、缺乏清偿其他继承者的财务资源、缺乏雇用优秀管理者的财务资源等。环境因素的风险表现为：家族企业业绩的改变、家族企业规模的缩小、客户的丢失和利益相关者关系的破坏等。过程因素的风险表现为：潜在接班人与员工的角色和责任的缺失、未与其他股东共同商议接班问题、潜在接班人能力的错误评估、潜在接班人的培训不合格、反馈不足等。

上述这些风险究竟在多大程度上影响代际传承还不确定，每个家族企业都可能面临不同的情况。Morris 等（1996）尝试利用问卷，实证分析论证影响代际传承的风险因素，得到如下结论：继任者的工作经验能增加传承的容易性（系数 0.24），家族成员信任（系数 0.42）、开放（系数 0.38）、合作（系数 0.44）及尊重（系数 0.5）与传承容易性正相关，公司业绩指数与代际传承的关系不显著。总而言之，如何消除阻碍家族企业传承的因素应受到更多关注。

二 代际传承阻力

日本已传承四十代的维修寺庙企业（建立于 578 年）是世界上最古老的家族企业，有的家族企业经过 19 世纪的洗礼，渡过 20 世纪的危难，在 21 世纪的今天仍具有竞争力。代际传承是延续家族控制、实现家族企业持续经营的唯一途径，只有克服各种阻力，才有可能实现控制权的数代延续。

（一）家族因素

第一类家族因素是关注。传承问题是否得到了家族企业的充分重视是早期研究最为强调的。谁应参与代际传承过程、何时开始传承，以及怎样进行传承都是家族应关心的问题，其他还包括家族委员会的成立、家族企业咨询顾问的选择等（Handler，1992）。第二类家族因素是家族成员间关系和家族成员与非家族成员关系。处理不好这些关系将可能直接导致传承的失败。继任者对创始人的拒绝或者怨恨、完备的协议书以及代际间共同的信仰日益被关注（Handler，1990）。第三类家族因素是继任者自身的准备。继任者需要掌握的经营管理技能、正式培训以及工作经验（也包括在其他企业获取的经验）、轮岗经历以及对传承的心理准备。这三类家族因素是前期研究的总结，它涵盖了早期国外学者对于代际传承的认识。他们将注意力集中在家族层面的阻力并提出相应的解决对策，同时他们还观察到还有一些外部变量可能会影响到传承过程，如制度环境、市场条件、经济规律及利益相关者。另外，针对中国的一项研究表明，独生子女政策使得家族延续控制的可能性降低3%，同时使得成年子女参与企业管理的可能性下降14%，导致家族企业创始人代际传承欲望的降低（Cao et al.，2015）。

（二）企业家默会知识

默会知识构成创始人专用性资产，其传承具有较大阻力。以往研究表明家族企业传承中的默会知识大致有以下内容：核心知识、技术诀窍和经验；管理技能和经验；企业家视野与能力；企业家精神；关系网络；经营理念；等等（窦军生等，2009）。这种家族主义的默会知识在代际传承过程中需要保护好，代际传承过程最重要的是延续创始人拥有的默会知识。

一方面，默会知识传承阻力来源于自身属性。默会知识占到公司知识资源的80%，但是知识资源很难被观察和复制（Grant，1996），Cabrera-Suarez等（2001）认为家族企业的默会知识相当丰富，它们来源于复杂的家族成员间的互动、家族和企业的互动（Chrisman et al.，2005）。尽管子女被认为是能最大限度地继承创始人专用性资产的人选（Fan et al.，2007），然而创始人专用性资产在代际传承中有所流失难以避免，创始人默会知识难以被接班人完全传承。

另一方面，默会知识传承阻力来自创始人。创始人雄心勃勃、迟迟不愿退出企业经营延缓了默会知识传承的进度。研究认为13.4%的家族企业成员宣称CEO永远不会退休，研究还表明创始人放弃企业领导权的年龄越长，对新任的接班人越表现出不合作（Marshall et al.，2006）。当这种情况发生时，创始人很少将接班人介绍给关键股东并对接班人封锁关键信息。创始人倾向于主导传承过程，这一切都是为了证明即使自己即将失去对企业的控制权，但在较长的一段时间内仍有控制能力。

（三）财务因素

随着时间的推移，研究者发现财务因素在阻碍传承中扮演重要的角色。财务因素包括限制公司财务资源即收入、资产、盈余变化,还包括代际传承相关税负,补偿退出的其他继承人以及雇用优秀管理者的成本等。这些财务问题影响了代际传承的满意度及有效性,影响着创始人离任的想法,继任者愿意接管企业的欲望以及继任者的准备,当控制家族自身难以找到代际传承实施的充分理由时,传承无法实施。根据 Malinen(2001)的研究,税负是家族企业传承过程中最大的难题,为传承筹资被认为是家族企业传承中另一个重要的难题,在芬兰国家的家族企业传承中,创始人通常不愿意他们的子女承担传承后的财务困境,这些原因促使创始人放弃传承,把企业卖掉。

Stavrou(1999)发现公司规模增加,后代加入家族企业的意愿就会增加。学者对于传统的、传承比例最高的农场性质家族企业进行了深入研究,并推广了研究结论。收入、规模等财务因素影响着农场的传承,农场资产、雇员数量及企业规模均对代际传承有正面的促进作用(Mishra et al.,2010)。Venter 等(2005)认为接班人的接班意愿对代际传承后的业绩有显著影响,接班意愿越强烈,代际传承后的业绩越好。

另外,较低的资本存量和较高的盈余变化程度比其他财务问题对代际传承进程的阻碍更大,它们影响着在任者离去的倾向、接班意愿、适宜的准备等。较低的资本存量是阻碍传承成功的最大因素,一项案例研究表明,成功传承的家族企业资本存量是普通家族企业的五倍(Mishra et al.,2010),与其他类型的企业相比,家族农场的所有者更依赖企业今后的收入,这就是他们在各类家族企业中更重视家族传承计划及传承率最高的原因。

国内研究代际传承的阻力也是从影响因素入手的。窦军生、贾生华(2007)从个体、人际、组织和社会/环境四个层面对家族企业代际传承的影响因素进行了较为系统的评介,还就传承结果、传承过程中涉及的理论模型进行梳理。余向前(2007、2008)也强调"子承父业"是适合中国家族企业的主流传承模式,并最先提出制度创新是成功实现权杖交替的关键，为了解决财富的可继承性与人力资本的不可继承性问题，完全有必要设计一套全面的继任计划，随后又利用152家温州家族企业样本，通过二分逻辑回归模型证明传统文化观念、子女能力与表现、企业治理模式的优越性等因素与家族企业成功代际传承呈正相关关系。王呈斌、伍成林（2011）认为家族因素对传承意愿起着主导作用，在任者的文化程度和年龄明显影响着家族企业传承计划的安排，本科以上学历的在任者会在传承时间、传承对象和继承人培养等方面更具前瞻性。何轩等（2014）将外部制度环境与家族企业代际传承结合考虑，提出企业家对制度环境的不利感知会削弱他们的传承意愿。

另外，国内研究也给出企业家默会知识难以传承的证据。窦军生、贾生华（2008）研究认为企业家默会知识、企业家关系网络和企业家精神是家族企业代际传承过程中企业家个体层面需要传承的三大类要素，通过问卷分析得出无论对三类要素内部需要传承成分的认知，还是对三类要素在传承要素体系中相对重要性的判断，企业家和企业家子女均表现出一定程度的差异。陈寒松（2009）认为由于创业者和继任者在知识结构、对已有事业的认知等方面存在差异，两代人之间产生了矛盾和冲突，继承者在公司内部开展相对独立的创业活动则有助于创造新知识，提高继承父辈事业的能力，因而创新和创业活动是两代人事业传承的重要条件和保障。杨学儒等（2009）结合实证数据研究了家族企业代际传承中的权威传递。他们将家族权威与所有者权威和管理权威区分开来，认为权力不等同于权威，继承人仅仅继承所有权和权力是不够的。李新春等（2015）、吴炯等（2017）也就家族企业二代继任的权威、合法性问题展开研究。

三 代际传承计划

由于代际传承有其固有的风险与阻力，传承前后业绩差异不应被视为因 CEO 或董事长变更而突然形成的，可见代际传承计划充分考虑了风险与阻力的重要地位。Fan 等（2012）指出代际传承使得家族企业预期面临的契约环境将由关系型契约基础（Relationship-based Contracts）向保持距离型契约基础（Arm's-length Contracts）转化，因此家族企业会有意识地做出调整以适应即将到来的变化。Murray（2003）曾指出传承过程需要 3—8 年的时间，继任者往往在正式接班前已经担任重要岗位，也就是说家族企业通常有机会做出一系列事前安排。

以往学者主要针对家族因素的阻力制订代际传承计划，传承是创始人或者所有者个人的事，也有学者将焦点集中在下一代经验方面以及与父母的关系方面。Trow（1961）认为由于家族企业通常所有权与经营权是统一的，儿子就自然成为继任者，家族企业代际传承被认为是一项如何培养继任者能力的任务。Handler（1990）通过对 32 个家族成员的面谈，提出代际传承是一个创始人与后代家族成员角色调整的长期过程，这个过程围绕着领导经验、权威、决策权和股权的转移展开，她还认为家族内部越和谐、子女的潜能越高、子女越能融入家族企业就越能获得正面的传承经验，主张应有针对性地做好准备，比如子女入职时间安排、如何保持亲密关系等；Davis 和 Tagiuri（1989）研究认为父亲 50—59 岁、儿子 23—32 岁时是父子关系最为融洽的时间，此时传承培训效果最好；Morries 等（1996）再次强调所谓传承准备是否充分就是考量继任者是否已拥有教育、经验背景，是否已经在企业里锻炼，以及是否拥有良好的家族认可度和信任度。

挑选继任者、培养继任者、获得家族成员认可等是早期代际传承准备的主要内容，缺少这方面的准备往往伴随着较差的传承后业绩。家族企业最困难的决策是将企业传给谁，一些企业看中能力，另一些企业看中良好的人际关系，或者潜在接班人的动机等（Morris et al.，1996）。潜在接班人是否被最终任命影响着家族企业未来的发展（Potterand Lobley，1992）。

研究者清楚地认识到代际传承分成两个方面：一是领导权传承；

二是财务资产传承（Fileand Prince，1996）。Ip 和 Jacobs 认为传承计划有必要更重视财务资产的传承，因为有形资产的财务资产可能决定着传承的成败。不仅如此，无形资产对传承的影响更是后期学者做出的重要推进。

Fan 等（2012）提出专用性资产传承产生的交易成本很高，特别是产生于个人与组织、团队、外部环境互动的过程的创始人专用性资产，他认为创始人专用性资产难以得到完全传承，由创始人专用性资产流失带来的问题更棘手，交易成本理论认为专用性资产转移是产生事后适应性治理的主要原因，事前制度安排能消除部分事后适应性治理问题的影响（Williamson，1985），由此基于企业层面的准备也是不可或缺的方面。

随着研究的深入，学者呼吁代际传承计划也应包括如何克服其他阻碍代际传承的因素在内。Harveston 等（1997）实证检验了个人特质、公司特征及资金因素对传承计划的影响，研究认为，除了个人特质（传承者年龄、教育背景）之外，公司特征（规模、结构）及资金因素（获取资金便利性、家族基金）等也会对传承计划产生影响。早期家族企业的代际传承计划研究以亲属关系为基础，但过度纠缠于家族亲属间社会关系使早期对于代际传承准备的研究相对片面，Ip 和 Jacobs（2006）指出传承计划还应有更广泛的内容，比如合法性问题、财务方面考虑、心理因素、领导权发展及退出战略等。

总之，已有文献通常基于传承计划的视角研究代际传承前的制度安排，大都将关注的焦点放在继承者特质和继承者培养等方面，但是代际传承前的制度安排还应该考虑传承的合法性、传承前的财务行为及退出策略制定等，其中财务方面的考虑不应被忽略。

第四节　本章小结

从上述文献中可以看出，控制权对于家族的意义不仅在于财务利益,更在于家族利益。控制权在代际间传承是绝大多数家族企业的选择,父代利他主义、创始人个人享受都可归结为家族的社会情感财富,是推动代际传承的动力所在。然而,家族企业周期长达数年的代际传承过程却比非家族企业更为复杂,创始人担任高管意味着家族企业相对稳定,但当创始人决定代际传承时,家族企业整个系统开始变得不稳定,表现为混乱的、模糊的、参与人之间的各种冲突等。面对代际传承预期的风险及阻力,再加上代际传承前后业绩对比研究所揭露出的家族企业接班后的困境,推动学者反思代际传承前的各项准备。与六七十年代初次考虑代际传承准备不同,20世纪90年代至21世纪初期在诸多传承后的事实基础上再次研究代际传承准备,无论是紧迫性、内容的广泛性及深入性都对代际传承准备提出了更高的要求,尤其在中国内地首次代际传承浪潮到来之际。已有研究大致呈现以下特点。

首先,发现控制家族对企业决策的重要影响,充分论证控制家族的目标能左右企业决策。研究者论证了控制权配置与治理效率的关系,充分验证了控制家族对企业决策有重要影响,分别体现在治理结构、投资、融资及股利分配等多个方面。控制权传承是代际传承的关键,如何配置控制权使得效率与效果并存是代际传承过程中最关键的问题。家族企业的继任者往往在传承前就已经进入关键部门担任关键岗位,与创始人形成联盟,对于预期到来的传承有时间、有机会也有能力进行系列准备、调整与部署。

其次,强调代际传承计划的重要意义,但对代际传承计划的研究仅局限于家族层面的准备,缺乏基于企业层面的布局与思考。对代际传承计划不重视被以往研究者公认为是代际传承失败的主要因素,很自然地,就挑选、培训继任者等做周密的计划被认为是顺利进行代际传承的保障。然而,代际传承不是在真空中进行的,相反,它是所有参与方互动的结果,仅传承双方或者家族内部成员做好心理、能力准备并不意味着万事大吉。家族企业是家族与企业的联合体,企业外部环境营造、企业治理机制调整及企业具体行为决策等会直接影响代际传承，由此基于企业层面的准备即企业治理机构问题也应构成代际传承计划的重要方面。

再次，关注到家族企业代际传承前传承双方的矛盾，但对家族企业代际传承前面临的各种外部矛盾研究不够深入。研究者发现传承双方利益不总是统一的，它说明代际传承中必须正视现实，在位者迟迟不愿退位、继任者总是不愿接手或者家族不对称利他主义关系存在均会阻碍代际传承的进行。除此之外，代际传承也激发了其他诸多矛盾，如共同创业者（承担管家角色的非家族成员）与继任者的利益冲突，共同创业者作为企业元老往往拥有很高的领袖权威甚至家族权威，当然还涉及与政府、供应商、客户、银行、员工等利益相关者的各类契约都可能随传承而面临改变，怎样从机制上预防或解决这些问题，研究者没有给出更深入的探讨。

最后，证明代际传承前后企业财务业绩存在明显差异，但研究建立在这些差异是随CEO或董事长更替事件而发生的前提下。研究者敏锐地看到继任者接过接力棒就是一个自然分水岭，于是诸多研究围绕此展开而且得到了许多有价值的结论。此类研究暗含一个前提，即继任者在担任CEO或董事长之前没有负责过关键部门或关键子公司的运作，或者传位者在不再担任CEO或董事长之后就全部退出所有事务，这在非家族公司的CEO或董事长更替中可能存在，但在家族企业中却很少见。准确地说，传承前后表现出的财务业绩差异根源应追溯到传承前，或者说在传承前已有迹象。

进一步看国外关于家族企业代际传承前的准备研究内容局限于如何挑选继任者、培训继任者、缓解矛盾纷争等，虽发现代际传承中创始人专用性资产转移、家族企业财务因素等各种阻力，但应如何应对这些阻力，尤其实践中家族企业传承时期治理机制如何演进、财务方面如何部署尚不清楚，该问题徘徊多年没有取得较大进展。近年来，我国学者也做了不少研究，得出了不少有价值的研究结论。但也有局限性：（1）现有文献仅指出了家族企业代际传承的重要性以及在传承过程中应该注意的问题，而较少有文献系统地研究代际传承的具体实施过程，同时缺乏家族企业治理理论根基。（2）许多研究还是局限在接班人的胜任力及其传承模式，太多的重心关注于应由谁继承企业，而忽略了代际传承前期财务方面的安排，代际传承离不开家族企业的环境。（3）以往研究多以正式传承为界将代际传承一分两半地、定性地展开，缺乏代际传承事前准备的定量研究，代际传承研究时点也应前移才能更聚焦，这种研究正是中国本土家族企业亟须的。

实际上，财务是家族企业研究中发展不足的部分。尽管家族企业是组织中最古老的、最普遍的组织类型（Shankerand Astrachan，1996），但家族企业的财务问题关注却不够充分。财务可以联合其他学科共同为家族企业代际传承提供有用的建议，财务问题在家族企业的研究中应扮演更重要的角色，尤其是在代际传承、公司价值评估等方面（Songini and Gnan，2013）。结合国内外研究现状与特征，我们认为家族企业代际传承应与财务问题紧密结合且焦点前移，才能更细致地观察基于企业层面的代际传承准备；财务问题也需放入代际传承这个关键时期研究，才能更完整地展现家族企业的财务特征。

首要的是家族企业代际传承时期的治理理论研究。家族企业的治理机制运行特征，预期代际传承将对创始人经营时期的治理机制有何冲击，代际传承特殊时期家族企业的治理机制如何演进等一系列问题，既是代际传承事前安排的重要内容，又是代际传承事前安排的制度基础。其次是关系治理机制演进下的企业控制权安排，包括股权安排、董事会构成及管理权安排。关系治理机制演进对控制权安排提出新要求。面对即将到来的传承，控制家族通常会进行怎样的控制权战略性调整与布局。子女进入高层管理团队代表着代际传承预期，我们将其作为观察治理机制演进的时间视角。最后是代际传承时期企业的财务活动安排，包括融资安排、投资安排、股利发放及信息披露等方面。关系治理机制演进要求财务安排与之配合，本书将就上述问题展开论述。

第三章 代际传承时期公司治理理论研究：关系治理机制的框架

在西方公司治理理论框架下对本土家族企业的治理问题展开研究，有两点不适宜：一是西方公司治理理论建立在委托代理基础上，即存在所有权和经营权的分离，而家族企业通常所有权与经营权高度集中；二是西方治理理论框架下的关系契约理论中"关系"的内涵和基础不同于本土家族企业中的"关系"。这意味着西方公司治理理论在本土家族企业中的应用需要特别谨慎，同时也呼唤适宜本土家族企业的治理理论新框架，即本土家族企业治理机制呈现怎样不同于非家族企业的特征、这种治理机制是如何运行的、治理机制如何随家族企业发展而演化，以及治理机制的有效性等问题。

现有管理学者引入西方契约治理框架，在研究本土家族企业治理机制中发现亲缘关系的重要作用，认为由于亲缘关系的存在，家族企业的关系治理获得比非家族企业更高效率，家族企业关系治理效用得以充分发挥并且成为契约治理的有益补充，正因如此，家族企业的业绩表现通常优于非家族企业。然而，契约治理框架下的关系治理可能并未准确地描述本土家族企业治理机制框架，其中隐含了家族企业契约治理的前提。但家族企业治理首先是以契约为基础的吗？家族企业的治理是为解决所有者与管理者分离带来的问题吗？尽管家族企业中也存在正式的合同、契约，但由于契约治理源头委托代理关系并不是家族企业最中心的关系,相反,亲缘关系甚至地缘、业缘等非亲缘关系却占据重要位置,使得家族企业治理首先是以"关系"为基础的,表现为"关系治理"(GUANXI Governance),且并不同于管理学中与契约治理框架下的关系治理(Relational governance),只要家族处于控制地位,"关系治理"的总框架就不会改变。

第一节 家族企业的关系脉络

一 关系的概念

"关系"在中国社会中有丰富的内涵。为与西方社会中的关系区分,研究者将其译为"GUANXI",而非"relation""personal network""particularistic tie"等。中国传统文化认为"关系"不是普遍意义上的社会人际关系,而是需要引申到面子、礼数、情分等方面来理解的综合概念。"关系"是千百年来中国人的行动逻辑,它是一种独特的社会资源,拥有"关系"能提高"优越感",依附"关系"才好办事。但准确概括中国的"关系"是比较难的。

关系的社会学释义为一种相互作用的方式(齐美尔,2002)。更具体地,关系是一个或一个以上的个人或团体与一个或一个以上的个人或团体相互作用、相互影响的状态(乔健,1982)。"关系"是人与人之间、组织与组织之间由于交流和接触而存在的一种纽带,"关系"的基本单位是人或组织。土壤的不同造就了中国"关系"一词的不同内涵,"关系"不仅指人际关系,而且是一种社会事实,其不仅与人情、面子、恩惠相联系,还和权力、利益等功利性因素挂钩。市场经济建立的初期游戏规则尚未制定成熟,中国家族企业的成长与"关系"有千丝万缕的联系。值得一提的是,家族企业中的家族关系,与普通意义上的社会关系不同,它是以血缘、姻缘维系并以家族、家庭捆绑的一种亲缘体现,除此之外,地缘和业缘关系也是普遍存在于家族企业的两支重要力量,它们共同编织家族企业的关系脉络。家族企业中存在的关系是中国式关系内涵最集中的体现,它既展现了关系中功利、工具性的一面,也突出了关系中利他、无私性的一面。我们研究的"关系"聚焦在以"创始人"个人为中心建立的关系,以"创始人"个人为中心的关系是中国社会人与人、人与组织间关系的缩影。

二 关系的特征

(一) 关系的社会基础

中国的"关系"更多地与血缘、地缘紧密联系,具有私人性质。西方的"关系"与血缘、地缘等联系不大,更具个体性质。"关系"可以追溯到个人的世界观,中国人实际上具有自我取向价值观,不同于西方的个人主义。[①] 中国的"关系"以自我为中心,主要来自儒家思想,在儒家的"五伦"关系里,根本道德义务是恭顺,将个人系于具体的人物上,而非客观运作的事务上。[②] 儒家文化赋予了个人在世俗秩序中的中心地位,费孝通先生指出"每个人都是他社会影响所推出去的圈子的中心",如"一块石头丢在水面上所发生的一圈圈推出去的波纹",因而"关系"遵循"差序格局",具有较强的私性。而西方的"关系"以个人为中心,主要来自希腊的理性和希伯来的宗教源头,这两种文化源头将淡化人与人的现实关系,并在此基础上产生独立的思想,个人在正式制度和社群组织下活动,个体行动很少受到血缘、地缘等牵绊,因而"关系"遵循人际平等原则,显示较强的个体性(杨光飞,2009)。[③] 但并不是说西方社会不存在面子、

[①] 比之于西方社会,中国社会既不是个人本位,也不是社会本位,而是一个伦理本位的社会,人生实存于各种关系之上,此种种关系,即是种种伦理。梁漱溟:《中国文化要义》,上海人民出版社2005年版,第72页。

[②] 中国人缺乏一种以某一中心价值立场为基础的"统一人格"以作为一个强而有力的内在核心。韦伯:《韦伯作品集》,广西师范大学出版社2004年版,第358—359页。

[③] 韦伯认为"只有在西方,科学才发展至我们今日视为可靠的程度……从亚洲的政治思想里,找不到任何类似亚里士多德的分类法或一般的理性概念……理性法律体系所必备的、严谨的思想论证及形式,为罗马法的特色(西方法律亦源自此),却不见于他处"。韦伯:《韦伯作品集》,广西师范大学出版社2004年版,第448页。

礼数、情分等价值倾向。

（二）关系的信任作用

既然西方社会中也存在类似于中国社会中"关系"的情感，为什么二者在现实中的表现却相差甚远，甚至造成目前中国社会中"关系"与西方社会中"关系"的明显不同？原因在于"关系"的环境，即"关系"周围的制度及游戏规则。中国作为发展中国家，较弱的法律监管和执行环境强化了个体行为对"关系"的依赖，这是因为"关系"能增加合作双方的信任感。当以中国的视角来看书面合同时，它仅代表合作双方形式上的互信，其效力并不确定（Yao and Yueh，2009），但是加入"关系"因素后，借助面子、礼数、情分等力量，可加固双方的合作基础，延续合同的效力。西方发达国家拥有完善的法律监管和执行制度，不需要依靠特殊的"关系"合作双方也可顺利建立信任，对"关系"的依赖性降低。事实上，法律制度的完善与否是中国"关系"与西方"关系"差异形成的重要原因之一。

（三）关系的权力方

由于"关系"的社会环境不同，中国的"关系"与西方"关系"差异最明显的表现为：前者中存在明显的权力方，后者则不存在。权力方扮演着"关系"的主角、决定着"关系"的发展方向以及"关系"的互惠分配等诸多实质问题，而且权力方地位平稳，通常不会发生变更。

中国"关系"中的权力方，如家庭关系中，父与子以父亲为权力方，夫与妻以丈夫为权力方等。[①] 以家族企业招聘员工为例，家族成员 A 将此工作交给自己信赖的人 B，B 的同学、同乡、工友等可能成为招聘的优选对象 C、D、E，一层一层将关系推演下去，最终完成招

---

① 费孝通指出："我们的家是延续性的事业社群，它的主轴是在父子之间……在中国的家庭里有家法，女子有着三从四德的标准，亲子间讲究负责和服从……"费孝通：《乡土中国》，生活·读书·新知三联书店 1985 年版，第 40 页。

聘任务。① A 是 A 与 B 的关系权力方，B 是 B 与 C、D、E 的关系中的权力方，即关系双方中谁提供（拥有）资源谁就是权力方。关系双方本着互惠原则合作，但当权力方利益受损害时（即使损害不是由关系另一方造成的），权力方有可能会单方面摆脱关系，借助地位优势将损失转移到另一方，使关系另一方被动产生损失。"关系"参与人地位不平等性是显而易见的。西方"关系"参与人是地位平等的个体，即使是父与子之间的亲缘关系也并没有表现得如此复杂，加上完善的法律保障，西方"关系"中不存在明显的权力方。

三　家族企业关系构成

中西方土壤的不同造就了"关系"一词的不同内涵。在市场经济建立的初期，游戏规则尚未制定成熟的背景下，中国家族企业的成长与"关系"有千丝万缕的联系。值得一提的是，家族企业中的家族关系，与普通意义上的社会关系不同，它是以血缘、姻缘维系并以家族、家庭捆绑的亲缘体现，它既展现了"关系"中功利、工具性的一面，也突出了"关系"中利他、无私性的一面，家族企业中的家族关系是"中国式关系"内涵最集中的体现。家族企业中除了存在血缘、姻缘关系外，地缘和业缘关系也是两支重要的力量，它们共同编织家族企业的关系脉络，形成家族企业的独特竞争力。

（一）血缘、姻缘关系

家族关系依靠血缘、姻缘生存。父子（女）母子（女）、兄弟姐妹及侄子外甥等是家族血亲的具体体现，夫妻、媳婿、亲家是家族姻亲的具体体现，血亲和姻亲关系已经融合在中国的家族企业中。福布斯 2014 年中国 A 股上市家族企业控制家族成员间关系的调查显示，

---

① a 的关系网里有 b，透过 b，便与 b 的关系网联结了起来，b 的里面又有 c，c 的里面又有 d……这样一联，便在一个地区形成了一个大网……其重要性是空前的大，它是研究中国社会首先要弄清楚的。乔健：《关系刍议》，转引自杨国枢《中国人的心理》，中国人民大学出版社 2012 年版，第 90 页。

夫妻关系为第一大亲属关系，接下来为父子（女）母子（女）关系、兄弟关系。①

控制家族成员间的血亲和姻亲对于家族企业顺利起步起到重要作用。血亲和姻亲关系亲密而持久，深厚而牢固，尤其是血亲中的父子（女）母子（女）关系，关系权力方父母拥有强烈的义务感，关系非权力方子女的情感追随亦极为稳定。家族成员拥有企业的所有权，同时家族成员还担任重要的管理岗位，家族企业中常见的所有权、管理权分配形式有父子控股、父亲担任董事长、儿子担任总经理，或夫妻控股、丈夫担任董事长兼总经理，妻子任财务总监等，考虑到血亲和姻亲的信任和捆绑，这样的控制权配置方式不存在所有权与经营权的分离，因而不存在第一类代理问题。血亲和姻亲关系使家族成员的战略经营理念通常保持高度一致，成就家族企业独特的生命力。

（二）地缘、业缘关系

家族企业依靠地缘与业缘发展。同乡、近邻等是地缘的具体体现，同窗、结拜兄弟等是业缘的具体体现。家族企业中的地缘和业缘关系相当普遍，它通常不与所有权联系，主要贯穿在家族企业管理权高中低不同层级的配置上，由于家族成员数量及能力的有限性，地缘及业缘便顺利成为基于血缘和姻缘控制权配置的有力延伸。

地缘和业缘关系的亲密性及持久性虽不能直接与血缘和姻缘关系相比，但其中也涵盖不容忽视的信任力量，在某些情况下甚至可能反超血缘和姻缘关系的信任，因此地缘和业缘关系为家族企业的发展增添一双翅膀。家族成员利用地缘和业缘建立的关系配置管理权，配置形式如让同乡、同学担任副总经理、生产部长或车间主任等，由于地缘和业缘关系建立了"知根知底"的信任和认同，家族成员抱着一种"让大伙都过上好日子"的利他信念，而同乡、同学等关系参与

---

① 《福布斯》在"中国现代家族企业调查报告"中提出，在2010年至2012年，家族企业成员中的夫妻比例随着大批中小企业登上创业板而猛增，平均每年增速超过140%，且近年来继续呈现稳中有升的态势。

人则比普通人更易产生情感追随,"跟老总好好干"的意念自然产生,这层关系客观上将大幅降低代理风险与监管成本,提升家族企业的凝聚力及竞争力。

(三)家族企业关系差序格局

费孝通先生认为,"我们的格局不是一捆一捆扎清楚的柴,而是好像把一块石头丢在水面上所发生的一圈圈推出去的波纹。每个人都是他社会影响所推出去的圈子的中心。被圈子的波纹所推及的就发生联系。每个人在某一时间某一地点所动用的圈子是不一定相同的……以'己'为中心,像石子一般投入水中,和别人所联系成的社会关系,不像团体中的分子一般大家立在一个平面上的,而是像水的波纹一般,一圈圈推出去,愈推愈远,也愈推愈薄"。差序格局理论提出中国人以己为中心的圈子观,不少社会学者提出应从"差"及"序"两种方向理解该理论(阎云翔,2006;杨光飞,2009),"差"指以自我为中心的横向推演,而"序"是以等级为中心的纵向推进,"差序"的源头在于"伦",父子、夫妇、兄弟等平铺的社会关系称为"差",亲疏、远近、上下等纵深的社会关系称为"序"(阎云翔,2006)。

嵌入企业中的家族关系与普通意义上的家族关系不完全相同,前者与企业联系,是家族关系与企业机制的融合。中国家族企业的关系完整描绘了一个以血缘、姻缘关系为基础,以地缘、业缘为延伸的控制权配置脉络。股权、管理权的具体安排遵循差序格局的理论(贺小刚等,2009),这种独特的控制权配置方式是中国家族企业与非家族企业的重要区分标识。

企业中的家族关系也呈现差序格局特征。从"差"上看,家族关系以创始人的自我为中心,一圈圈推及出去,表现为创始人为中心,血缘、姻缘等亲缘(如兄弟、子女)为第一层波纹,亲缘的亲缘(如妻弟)为第二层波纹,地缘、业缘等非亲缘(如同乡、同学)为第三层波纹,这三层都是与创始人或其亲缘直接关联的,亲缘的地缘与业缘（如子女的同学）、非亲缘的亲缘（如同乡的兄弟）为第四层波纹，其他如非亲缘的非亲缘（如同学的同学）等可视为与完全陌生的新聘员工列入第五层波纹，随着波纹的逐渐后推，其对决策的影响力一般也逐渐削弱。从"序"上看，家族关系以创始人为起始点，向下延伸，表现为创始人的最高权威，这里的权威并非仅指职位权威，更是指由家族等级思想衍生的传统权威，它无须正式授予仪式。亲缘关系人拥有次高权威，非亲缘关系人也拥有较高权威，而其他与创始人没有直接关系的人可能拥有职位权威、专家权威等，却不再拥有传统权威，其与决策中心的距离具有较大弹性。可见，从本质上说"序"以"差"为基础，"序"和"差"不能割裂开。

差序格局理论为认识中国社会提供了强有力的解释，但也应看到差序格局规律的演变，中国自70年代末期实施改革开放政策以来，社会、经济等各方面发生了巨大的变革，其中，城镇化战略的推行、计划生育政策的实施以及各种文化的渗透，促使差序格局理论产生的土壤——乡土社会的特征发生改变，直接影响了血缘关系的边界范围。姻缘关系的稳固性下降，地缘关系的重要性也下降，业缘关系的重要性则相对上升。因而企业中的家族关系差序格局是动态变化的。由于家族关系差序格局通过伦理规范、激励机制与资源配置维系，家族关系差序格局也极具异质性。

第二节 家族企业的关系治理

一 家族企业关系治理概念

治理的词义为"管理、统治"，公司治理是指引导、规范、凝聚利益相关者以实现目标的一整套机制和运转方式。家族企业治理的理论研究相对滞后。家族企业治理研究通常借鉴普通公司的治理理论，其中最大的问题在于家族企业的所有权与经营权是不分离的，而且家族企业的股权也相对集中。尽管Schulze等提出家族企业存在自我控制、利他主义产生的代理问题，但其与非家族企业的代理问题含义本质完全不同，运用契约治理的框架分析家族企业存在前提错误，中国的家族企业创立与发展不过40年，所有权和经营权仍高度统一，许多国内研究者也清楚地看到这些问题，迫切需要针对家族企业自身的治理理论。

国内有学者就家族企业关系治理概念及体系运行进行了初步的探讨。管理学领域内代表如李新春、陈灿（2005）首次提出家族企业关系治理概念，认为关系治理与正式的制度或契约安排一样能够使企业中委托代理双方目标一致，起到减少代理成本、降低交易风险的作用。其站在契约治理框架下的关系契约概念上，提出关系契约存在于家族企业内，并因为家族涉入而带有更强的关系性特征，意指关系治理等同于关系契约治理框架下的非正式治理。但正如前文分析，用契约治理框架分析家族企业并不妥当。

如前文分析，如果不是契约治理框架，那是什么样的治理方式辅佐了中国家族企业40年的成长？家族企业是家族和企业的联合体，家族对企业影响深远。上千年的封建历史形成了中国家族鲜明的特色，我们从中国传统文化入手，结合家族企业关系治理已有概念体系，深入分析家族企业关系治理机制。社会学领域代表杨光飞（2009）从另一角度详细论述了家族企业关系治理的内涵。他提出关系治理是本土家族企业治理机制的反映，并认为关系治理不应该等同于契约治理框架下的非正式规则治理，因为此关系治理中的"关系"不同于关系契约理论框架下的关系治理中的"关系"。关系治理是从乡土社会中孕育出的带有浓厚中国味儿的家族企业治理理论，正是关系治理推动了中国家族企业的发展，形成中国家族企业独特的竞争力。

我们认为中国家族企业关系治理（GUANXI governance），即指家族企业以血缘、姻缘等亲缘关系以及地缘和业缘等非亲缘关系为基础，依托面子、礼数、情分、规范等约束，配置所有权和管理权、搭建组织结构、制定发展战略及建立规章制度等一系列活动，以实现家族的非财务目标和财务目标。关系治理只能在家族企业生根发芽,并展现强大的生命力。中国家族企业的关系治理并不排斥合同契约的治理。

二 家族企业关系治理目标与框架

(一)关系治理目标

家族企业关系治理的最终目标并非简单的股东经济利益最大化,而是创始人及其家族利益的最大化。创始人及其家族目标包含两个部分:非财务目标及财务目标,当二者发生冲突时,通常非财务目标优先于财务目标(Gomez-Mejia et al., 2007; Zellweger and Astrachan, 2008)。西方研究者提出社会情感财富概念描述家族企业的非财务目标。非财务目标包括家族控制和影响力、家族名声和社会地位、家族利他行为实施能力、家族成员亲密的情感氛围以及家族与企业关系的永续五个方面(Berrone et al., 2012)。受"光宗耀祖、造福桑梓"传统思想的影响,家族名声和社会地位、家族与企业关系的永续对中国家族企业的创始人及其家族来说最具吸引力,"衣锦还乡、光宗耀祖"的荣誉与名声以及"家业长青、血脉延续"的责任与抱负能带来极大的成就感及满足感。

(二)关系治理框架

家族企业控制权配置基本依赖关系。家族企业诞生方式决定其所有权分配机制与非家族企业不同。创始人及其共同创始人彼此间的信任是家族企业起步时的必备资本,最初高层管理权配置甚至是根据每个人性格特点和爱好完成的,并不需要正式的考核程序,且初次配置格局短期内不易改变。随着家族企业不断发展,创始人及其家族可能会稀释手中的所有权,在管理权配置方面倾向于有竞争力的用人方式,创始人亲缘及非亲缘关系人的所有权和管理权尽管发生了收缩,但并不意味着放弃所有权控制,也并不意味着创始人及其亲缘和非亲缘关系人放弃管理权控制。当所有权和管理权依赖亲缘和非亲缘关系

第三章 代际传承时期公司治理理论研究：关系治理机制的框架

配置基调形成后，亲缘和非亲缘关系自然渗透到治理理念中。

不同于国内管理学界将关系治理视为契约治理框架下一种非正式治理机制的观点，我们认为关系治理是中国本土家族企业独成体系的治理机制，与西方的契约治理处于并列地位。家族企业关系治理并不排除正式规则，家族企业关系治理中也存在合同、规章。那么家族企业中的亲缘、非亲缘关系是如何渗入公司治理中的？创始人经营时期的关系治理有什么特点？代际传承过程中家族企业关系治理会做出怎样的调整？这些问题构成家族企业关系治理机制的发展过程。

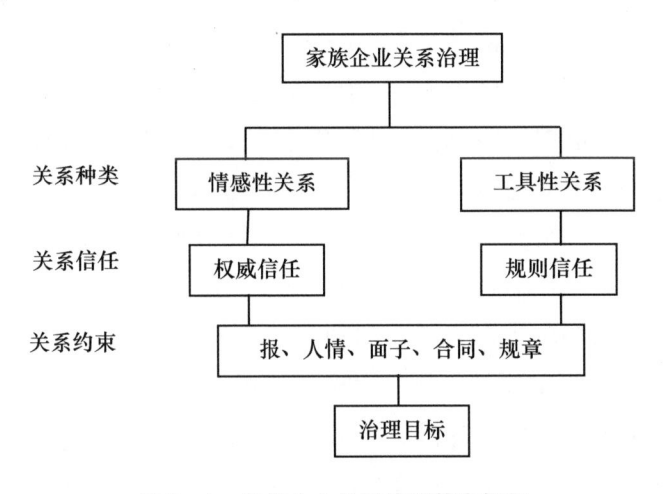

图 3-1 家族企业关系治理静态框架

图 3-1 从静态角度描绘了家族企业关系治理的框架。关系可划分为情感性关系、工具性关系两类。[①] 由于关系中存在权力方，情感

---

① 中国社会中存在情感性关系、工具性关系及混合性关系及其相关的社会行为法则。情感性关系通常都是一种长久而稳定的社会关系，这种关系可以满足个人在爱、温情、安全感、归属感等情感方面的需要。工具性关系通常是以关系作为获得其他目标的一种手段或一种工具，基本上是短暂而不稳定的。混合性关系特点是交往双方彼此存在一定程度的情感关系，但又不像情感性关系那么深厚。而本书认为动态观点下的混合性关系边界难以确定，于是将关系简化分为两类，以利于研究的开展。黄光国：《人情与面子——中国人的权力游戏》，中国人民大学出版社 2010 年版，第 7—11 页。

性关系自然产生以权威信任为表现形式的关系信任,而工具性关系则更容易产生以规则信任为表现形式的关系信任。治理机制的约束力来自"报、人情、面子"等情感成分以及"合同、规章"等规则成分。

公司治理机制归根结底是对企业员工行为的引导与限制。权威信任建立以情感性关系为前提,工具性关系则依赖规则信任维持,二者的约束是依附在"关系"上的"报、人情、面子"等情感成分以及"合同、规章"等规则成分。从创始人经营时期向接班人经营时期转化的过程中,随着关系种类由情感性向工具性的过渡,创始人经营时期以情感性关系为主将演变为接班人经营时期以工具性关系为主的状态,对应的主要关系信任种类以及关系约束种类随之发生改变,最后实现的治理目标重心也在转移。家族企业关系实现治理遵循"关系—信任—约束—治理"路径,反映家族企业关系治理的实现方式及代际传承时期的动态演进趋势。

家族企业关系治理并不排除规则,家族企业关系治理中也存在规范、规章,这一点不同于管理学界的观点。家族企业中的关系色彩鲜明,集中了最多的人与人关系的种类于一家企业内部:父(母)子(女)、夫妻、兄弟姐妹、侄婿表亲、连襟、祖孙、同学、同乡以及普通人际关系,即自家人、熟人与生人全会集在家族企业中,公司治理归根结底还是对企业中人与人的引导与限制,这就决定了家族企业关系治理以两种方式实现,一是基于权威的治理,二是基于规则的治理。权威治理依靠情感性信任建立,而规则治理更多是依靠认知性信任建立,二者共同的约束是依附在"关系"上的"面子、礼数、人情、报恩"等情感成分以及"规范、规章"等规则成分。但在代际传承过程中二者的主导地位发生了改变。

三 家族企业关系治理基础与保障

(一)关系治理基础

实现关系治理的基础是高度信任。创始人的这些亲缘关系及非亲缘关系中存在高度信任。彭泗清指出尽管西方学者对中国人的信任行为研究偏向于将中国看作一个不诚实且不信任他人的民族，但是他们无法解释如果中国真是低信任度的社会，那为什么会出现以高度信任支撑的"山西票号"现象。依据关系的不同，组织信任衍生出两种主要的信任：认知性信任和情感性信任。[①] 血缘、姻缘及部分地缘、业缘建立的稳定关系是以真情为基础的信任，在家族企业中的具体表现为对创始人权威的认同与跟随，权威促使关系参与人按照创始人意志行动，能带来行为的可预见性，从而产生情感性信任。部分地缘、业缘或者较远的外层关系则是以规则为基础的认知性信任，表现为对企业规则的认同与遵从，与权威相同，遵从规则也能带来行为的可预见性，产生信任。表3-1列示了认知性信任与情感性信任的具体区别，尽管无法断定两者的优劣，但两者在信任基础、信任特征及信任表现等诸多方面却存在明显不同，这些区别在家族企业中表现得淋漓尽致。

表3-1　　　　　组织中认知性信任与情感性信任的区别

种类 项目	认知性信任	情感性信任
信任基础	可靠性、可信性的信念	相互关心照顾的情感依恋
信任特征	理性判断	感性表现
信任程度	较高	高
信任表现	注意聚焦	情感承诺
信任维系成本	高	低
信任持久程度	不确定	持久

资料来源：根据韦慧民、龙立荣《主管认知信任和情感信任对员工行为及绩效的影响》整理。

---

① Lewis 和 Weigert（1985）将信任理解为人际关系的产物，他们认为理性（rationality）和情感（emotionality）是人际信任中的两个重要维度。认知性信任是基于对他人的可信程度的理性考察而产生的信任，情感性信任是基于强烈的情感联系而产生的信任。

信任基础上的义务感有助于实现关系治理。高度信任伴随而来的是强烈自觉性，维护面子、重视人情以及关怀照顾使创始人与其亲缘及地缘、业缘关系人的行为具有主动性。家族企业创始人自觉肩负起为共同创始人谋福利的任务，同时家族创始人还有为家族争光、为家人创造更好生活的想法，这些都是基于高度信任产生的责任感，它时刻约束着创始人的行为。而作为关系的另一方，家族成员及共同创始人等基于高度信任产生对创始人的情感追随，促使其自觉履行工作义务，甚至是牺牲个人利益，即便这些行为可能并不能得到奖励，此时义务感已经由于情感认同而内化为动力。因此，关系具备治理所需的推动力。

信任基础上的高执行力也有助于实现关系治理。高度信任提高了合作的效率，使命感、归属感及成就感提高了创始人与其亲缘及地缘、业缘关系人对于决策的执行力。尽管家族企业的决策机制并不总是比非家族企业完善，但决策的执行力度不容置疑，尤其是创业初期，家族成员及共同创始人往往身兼数职，亲力亲为、高效高质完成工作，彼此间的高度信任将团队成员牢牢捆绑在一起，"磨洋工""搭便车"等行为很容易被识别，并且付出的代价不仅仅是失去工作，更可能是失去关系中的地位，这种潜在的惩罚是每一个关系参与人都无法承担的。因此，关系具备治理所需的行动力。

（二）关系治理保障

血缘、姻缘及地缘、业缘等关系为何能实现治理？西方公司契约治理依托于合同的法律或规则约束力，而中国家族企业关系治理则依托于关系约束。工具性关系的约束力表现在"合同""规章"及"道德"等方面，与西方公司治理中的契约精神类似，而情感性关系的约束力表现在"报""人情""面子"等方面，是中国家族企业关系治理中特有的、隐性的，却是不可忽视的约束力，其力度甚至高过显性约束。

"报"是人类社会任何文化公认的基本道德律（Gouldner，1960）。

中国社会则更强调这一道德规范,"报"情结在中国相当普遍,比如子女回报父母的养育之恩,兄弟回报手足之恩,夫妻回报体贴之恩,朋友回报相知之恩。此外还有很重要的恩情回报,如师傅的培养之恩以及贵人的提携之恩、危难时的救急之恩,等等。中国传统的"滴水之恩,涌泉相报"思想奠定"关系"参与人牢固的情感基础,形成了家族企业关系治理自觉、自发的内在约束力。

"人情"被定义为一种可以用来交易的资源,基于回报的预期,资源支配者才愿意"做人情"(Hwang,1987)。显然,资源支配者即关系中的权力方需支付一些成本(显性或隐性),但预期对方接受其恩惠后,将来可能会加以回报甚至立即给予回报,因而权衡后决定是否要"卖个人情"给对方,"买人情"的一方表现为服从、顺从等特性,这体现了"人情"的约束,即便是关系权力方行为并不能令"买人情"方完全满意,但是由于保持人际关系的重要性,"买人情"一方也不会表现出不顺从,这就是人情的约束力。

"面子"是个人社会地位或声望的函数(Hwang,1987)。"面子"由其在关系中的位置决定,如家族关系中的长辈、男性都处于地位较高的角色。由于"面子"与在关系中的地位有关,"给不给面子"就与尊重与否、认可与否紧密联系在一起。所谓"敬酒不吃吃罚酒"就是对"不给面子"的惩罚,因此"不得罪人"成为中国人行事准则的重要原则之一,给对方"留面子"、为自己"争面子"是比较典型的中国人的两种心态,也因此形成组织管理的一种约束。

中国传统文化孕育的"关系"通过"报""人情""面子"等情感因素产生较强的约束力,并渗透到显性契约中。这种约束有时甚至超过由法律、规则带来的约束力。总之,"关系"具有双面性,一方面"关系"好办事,另一方面"关系"也意味着无形的束缚。"关系"具有较大的行为指导作用,尤其是对关系的非权力方。如前文所述家族企业是"关系"集中汇合的场所,血缘、姻缘及地缘、业缘作为家族企业中最基本的"关系",其中交织着"报""人情""面子"等情感,即便是没有任何关系的非家族成员,日常行动中也体现着这些情感的约束,这是与西方"关系"重要的区别,因而"关系"自然成为约束所有者、经营者以及员工行为的重要力量。黄光国认为一个讲究人情法则的社会,必然是个关系取向的社会,故关系治理得以在家族企业这片土壤中扎根。

第三节 家族企业关系治理机制运行

控制权配置构成家族企业关系治理框架的重要内容,它体现家族企业关系治理的特色。关系治理在多大程度上依赖情感性信任、依靠"报""人情""面子"等情感性关系约束,均可由控制权的配置特征显现。另外,控制权配置也是家族企业关系治理运行的基础平台,不同的控制权配置有不同的监督与激励体系与之相匹配,不同的控制权配置为不同发展时期的关系治理目标服务。下面以股权和管理权为代表说明家族的控制权配置。

创立初期控制家族及其一致行动人掌握全部股权的情况较为普遍。股权基本仅在创始人、创始人血亲姻亲以及共同创始人间配置。控制家族清楚意识到无论是情感性关系还是工具性关系的维系都需要付出成本,股份作为维系关系的工具发挥较大效用,股权激发个人的主人翁精神,还将个人利益与企业利益捆绑在一起,提高创始人核心团队的凝聚力,为企业更为自己的坚定信念促成家族企业更快在市场竞争中站稳脚跟,实现创立及发展初期的关系治理目标。家族企业第一次大规模集中的股权稀释发生在上市融资时,即利用资本市场筹集资金扩张规模。此时控制家族持有的股份发生下降,稀释的股份多流向风险投资机构等外部投资者,通过股权在家族企业外的重新配置,利用机构投资者声誉以及外部投资者管理经验,实现扩张时期的关系治理目标。

总的来看,创始人经营时期控制家族连同共同创始人掌握了公司

第三章 代际传承时期公司治理理论研究：关系治理机制的框架

的绝大多数股份，处于绝对的控制地位。随着时间的推移，控制家族掌握的股权会出现稀释现象，但股权的配置仍大幅度集中在"关系"的核心人员间。

管理权配置表现在组织机构设置中，家族企业的关系脉络渗透到各个层级的管理权。以创始人为中心举一纲而万目张，管理权围绕创始人血缘、姻缘、业缘及地缘逐渐铺开。

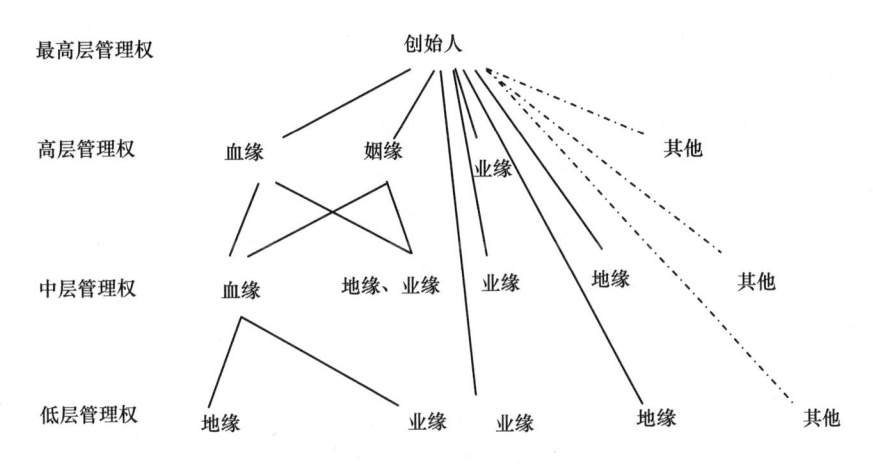

图3-2 家族企业创始人经营时期关系治理的权力分布网络

从图3-2中可以看出，创始人在设置高层管理权到低层管理权的过程中，可供选择的关系人范围较大，创始人权威顺着关系向下的延伸，能有效实现治理，而对非关系人的权力配置则遵循经济人假设，依赖规则实现。在家族企业发展初期，董事会中家族成员占绝对比例，兄弟子女分管重要部门，同学等业缘也可能作为共同创始人掌握重要权力。随着家族企业的逐步发展壮大，家族关系人数、能力局限越来越大，尤其是在家族企业集团中，非关系人逐渐成为重要的力量。

非家族企业以职位机构为决策中心，而家族企业的决策以创始人（也可能包含共同创始人等极少数关系核心圈）为决策中心。非家族企业的重大决策需经历自上而下和自下而上的反馈过程，而家族企业通常只有自上而下的环节。

企业较长一段时期的发展战略、市场和技术支持、人事权和资金使用等重大决策均依赖创始人决策。家族企业决策机制的形成原因要追溯到家族企业的关系脉络。由关系脉络决定的家族企业权力分布网络赋予了创始人至高的权力，而正是这种绝对的地位限制了他人做出重大决策的机会，所以在极端的情况下职权部门甚至无法做出独立的决策，仅仅作为执行创始人意图而高速运转的机器，创始人成为家族企业各方面决策的唯一首脑。因而家族企业的决策速度快、效率高，辅以高执行力的运转机制，通常就表现出更灵活、见效更快等特点，早期家族企业迅速崛起的案例很多，这得益于创始人作为决策唯一中心的机制。

同样地，一旦创始人做出了错误的判断，给家族企业带来的打击也不容忽视。伴随家族企业的成长壮大，该决策机制缺点将会逐渐显现。事实证明，已经成功走过数十年的家族企业创始人都是管理的全才，尤其具备优秀的战略决策能力。但代际传承意味着创始人即将退出企业经营，促使创始人经营时期的决策机制进一步转化为以职位体系为中心的决策机制。即与非家族企业相同，程序化决策依照决策规则由身处各个职位的管理者做出，非程序化决策也将依照决策规则做出，以减少对创始人决策中心的依赖。

激励是治理机制保持活力的来源，关系治理也不例外。当家族关系与企业结合后，血缘、姻缘及地缘、业缘的维持不同于一般时期，因为家族企业能带来财富、权力以及社会地位与政治影响力，如何针对关系人进行激励是家族企业治理中的重要问题。激励做得恰当，亲缘、业缘、地缘关系将更紧密，关系治理效用越高，形成良性循环；激励不充分，业缘、地缘甚至是亲缘关系都可能会出现裂缝，失去信任，继而导致关系治理失效，将给企业带来不可估计的损害；或者将过多资源用于激励也有可能对企业的长久发展不利。总之，家族企业围绕关系的激励策略使其激励对象、内容与方式与非家族企业有明显不同。

关系治理下的激励机制体现家族企业自身特色。血缘、姻缘及地缘、业缘的激励通常没有契约约定，创业之初"只讲贡献，不计报酬"的思想非常普遍。中国改革开放以来创立的家族企业创始人大都出生在四五十年代，身上带有那一时代人明显的特征：理想主义、实业报国、冒险主义等（项兵，2007），但他们同时又是传统家族思想保留较完整的一代，他们尊重家族公序良俗、强调家族内部的利他主义、注重同乡同学情义等，因此，这一代创始人主导下的激励呈现出较多的关系人关怀特征。另外，Gomez-Mejia 等（2003）认为，家族身份在经理人任期与企业绩效和风险之间起重要决定作用，如果经理人与委托人之间存在家族连带关系，经理人的任期与企业的绩效和商业风险之间的关系就越弱，也就是说，家族成员的经理人考核与企业业绩和风险关系不大。

从表3-2中可以看出，关系治理中的激励并不符合一般的激励理论，激励动机更多出于利他主义行为的实施欲望，而衡量激励恰当的首要标准并不是企业内部公平而是家族价值取向。但当向接班人经营时期过渡时，激励规则将发生改变，激励动机中降低代理成本的意图越来越明显，激励需要事前约定、常规化进行，物质激励成为主要方式，激励效果则以内外部公平性为评价依据。

表3-2　　　　　关系治理机制下激励策略的主要表现

关系种类	激励动机	激励约定	激励方式	激励频次	激励效果衡量
情感性关系	利他主义	无明确约定	愿景	非常规	公序良俗
工具性关系	降低代理成本	合同约定	物质	常规	内外部公平性

显然关系治理构成家族企业的核心竞争力。关系治理能充分调动血缘、姻缘及地缘、业缘关系人的能动性，依赖基于关系的情感性信

任来有效降低代理成本，并且借助依附在关系上的人情、面子进行关系人行为约束来有效降低代理成本，最终实现公司治理目标。非家族企业为降低代理成本设置近乎完美的治理机构，尽管如此也不能完全保证经营者将所有者利益放在首位，基于工具性关系的认知性信任以工具性为目的，信任维持成本较高，并且制度约束不能形成由内而生的力量，从客观上均增加了非家族企业治理的难度。

但关系治理机制也存在自身的弱点，关系治理机制随着家族企业的发展而不断演进非常必要。其一，关系是变化的，偶有新人加入或关系人出局；其二，关系人的职位也是有调整的，家族企业发展对人才的需求越来越专业，提拔、雇用非关系人现象越来越多。关系治理的特征将会发生改变，但我们认为只要是家族控股企业，血缘、姻缘及地缘、业缘都是重要的管理元素，关系治理的格局不会轻易改变，关系治理机制是家族企业独有的治理模式，消除关系治理机制的同时也就脱去了家族企业的外衣。

第四节 推动治理机制变革的因素分析

改革开放以来家族企业取得了长足发展，在吸纳就业人口能力及缴纳税收方面均保持较强增长势头（王文京，2012）。创始人担任管理者的家族企业业绩普遍高于非家族企业（Andersonand Reeb，2003）。实现代际间顺利传承不仅关系到家族切身利益，还关系到促就业等社会利益。前文分析了影响代际传承的因素，促进传承成功的传承计划，基于家族层面的准备如继任者挑选、培训、情绪以及家族内部冲突化解等。随着研究的深入，基于企业层面的准备如资产以及纳税管理等逐渐引起重视，研究者认为过分纠缠于家族内部没有必要，创始人更应思考企业环境是否适合代际传承（Ip and Jacobs，2006）。家族因素和企业因素是影响成功代际传承的两个方面。本土家族企业汲取西方的管理经验，对继任者的挑选、培训等家族层面的准备已经很熟悉，而对企业层面的准备了解还有欠缺。

治理机制是家族企业进行代际传承的内部环境，以往研究已从不同角度论证了治理机制与企业价值的正相关关系（Demsetzand Lehn，1985；La Porta et al.，1999；许小年，1997）。成功传承的重要标志即连续 36 个月稳定的经营业绩（Fan et al.，2007），从理论上说，治理机制必然是影响代际传承的重要因素，修正治理机制应为基于企业层面准备的首要内容。现有家族企业代际传承准备的研究中零散涉及治理机制内容，尚未明确将治理机制作为代际传承前准备的重要内容单独开展研究。本部分试图建立数理模型就代际传承中创始家族修正治理机制的积极性进行探索性分析。

一 代际传承与治理机制

代际传承受传承双方个人特质的影响。代际传承最重要的两个参与人为传位者与继任者，成功传承与参与双方的努力程度紧密相关。Trow（1961）认为由于家族企业通常所有权与经营权是统一的，儿子就自然成为继承人，家族企业代际传承就是一项如何培养继承人能力的任务。传位者不愿失去控制地位的心态以及迟迟不愿退休的行为也影响到代际传承的顺利进行，继任者是否已拥有教育、经验背景，是否已经在企业里锻炼以及是否拥有良好的家族认可度和信任度是影响代际传承成功的主要因素，甚至有学者提出传位者的性别也是影响因素之一（Harveston et al.，1997）。早期研究重点关注传承双方的个人特质及关系亲密度等方面，为影响因素的最内一个层次。

代际传承受股权和管理权配置的影响。代际传承影响因素研究逐步向外扩展至家族与企业交叉层次。家族企业发展初期的股权高度集中，控制家族掌握的股权越集中，其获得的非财务利益越高，代际传承的意愿也越高（Gomez-Mejia et al.，2007；Zellweger and Astrachan，2008）。但是股权越集中，企业运行风险越大（Demsetz and Lehn，1985），过分集中的股权未必有利于代际传承。另外，股权分离度与公司业绩存在显著负相关关系（La Porta et al., 2000）。股权分离度越高，在法制不健全的环境中发生第二类代理问题概率越大，此时控制家族行为呈现短视特征，代际传承的意愿降低。创始人亲自参与管理更能激发传承意愿，创始人担任董事长和CEO亦有助于家族企业价值的提升（Villalong and Amit, 2006）。企业发展前途越好创始人越不愿出售，愿意为代际传承付出的努力越多（Zellweger and Astrachan, 2008）。

代际传承受家族企业运行环境的影响。代际传承必然受制于特定环境，即影响因素最外的第三个层次。公司规模以及资金因素（获取资金便利性、家族基金）等会对代际传承产生影响。传承分成两个方面：一是领导权传承；二是财务资产传承，作为有形资产的财务资产可能决定着传承的成败（Ip and Jacobs, 2006）。不仅如此，无形资产对代际传承的影响更是后期学者做出的重要推进，Fan 等（2007）认为专用性资产传承产生的交易成本很高，特别是产生于个人与组织、团队、外部环境互动过程中的创始人专用性资产难以得到完全传承，创始人专用性资产流失对代际传承的影响更棘手。

将以往代际传承影响因素研究划分为三个层次后发现，第一层次与传承双方主体即家族相关，第二、第三层次与企业的治理机制特征有关，可见传承前的治理机制修正影响代际传承。事前制度恰当安排能部分消除事后成本的不利影响（威廉姆森，2002），而事前制度安排需由新的治理机制体现。总之，代际传承需要经过漫长的准备期，除传承双方特质因素外，代际传承准备的主要精力集中在治理机制的调整适应方面。以往研究并未就创始家族修正治理机制行为受哪些因素的影响展开深入分析，而这一问题正是本土家族企业所亟须解决的，因而具有较高的实践指导意义。代际传承的相关研究多以实证、案例研究为主，采用数理模型分析较少。近几年学者尝试将博弈模型引入代际传承问题的分析中（Blumentritt et al., 2013），得出一些有益结论，我们尝试建立数学模型进行研究，模型的选择参考了王永梅等机构投资者决策模型。

二 模型构建

家族企业代际传承一般在创始人主导下进行,首先,假设创始家族成员为理性的经济人,并假设其为风险厌恶者,他们会根据自己的效用做出决策。适合的治理机制为成功代际传承提供良好保障,它能弥补子女能力的不足并维持企业正常运转,增加家族企业代际传承的价值,创始家族对治理机制的修正将使治理机制更适合代际传承。创始家族付出努力对治理机制进行修正,促进成功传承将增加创始人的效用;创始家族不愿意对治理机制进行修正,则家族企业的治理机制很可能会因为不适合代际传承要求,无法起到预期矫正作用从而导致代际间的传承失败。

其次,假设创始家族的持股比例为S,$0<S\leq1$;代际传承前期家族企业治理机制水平为λ,$0<\lambda\leq1$,其适合代际传承的概率为P,假设传承成功的增值为E(含非财务利益),反之为0。创始家族愿意付出努力C进行治理机制修正,使其适合代际传承需要。F(C)为修正治理机制效果函数,且C>0;$0<F(C)<1$,$F'(C)\geq0$,$F''(C)\leq0$,由此可知F(C)单调递增,治理机制修正效果随投入努力成本的增加而增加,但递增的边际效应递减,进一步令$F(C)=1-e^{-\lambda C}$。显然,若创始家族努力采取修正治理机制的行动,即努力成本C增加,则F(C)增加,家族企业增值为F(C)×E也不断增加,若治理机制不适合代际传承而传承双方又不愿做出修正的努力,即当C=0时,F(C)=0,F(C)×E=0,创始家族即使有意愿放弃股权也很难遇到合适的买家,此时只能寻找有能力的职业经理人,假设支付的职业经理人搜寻成本为K,K>0;为代际传承投入的机会成本为B,B>0。假设不考虑货币时间价值。

由此,当创始家族不愿对治理机制进行修正时,创始家族传承的效用函数为:

$$U_1 = P(E \times S) + (1-P)(0 \times S - K - B) \quad (3-1)$$

创始家族愿意在治理机制不适合代际传承需要时对其进行修正，则创始家族传承的效用函数为：

$$U_2 = P(E \times S) + (1-P)[F(C) \times E \times S - C] \quad (3-2)$$

两者之间的差异为：

$$\Delta U = (1-P)[(1-e^{-\lambda C}) \times E \times S - C + K + B] \quad (3-3)$$

ΔU 表示创始家族修正治理机制获得效用增加值。ΔU 越大，创始家族对治理机制修正获得的效用增值越大，创始家族就越有积极性；反之，ΔU 越小，创始家族积极性就越小。

由式（3-3）可知，影响创始家族修正治理机制的因素有：成功传承的预期增值（E）、创始家族持股比例（S）、修正治理机制的努力成本（C）、现有治理机制水平（λ）、治理机制适合代际传承的概率（P）、搜寻职业经理人成本（K）以及为代际间传承而投入的机会成本（B）。

三 模型分析及讨论

就式（3-3）各变量求偏导来分析各个因素在创始家族修正治理机制决策中的作用。

$$\Delta U'_s = (1-P)(1-e^{-\lambda C})E > 0 \quad (3-4)$$

$$\Delta U'_E = (1-P)(1-e^{-\lambda C})S > 0 \quad (3-5)$$

命题 I：创始家族持股比例越高、预期成功传承获得的价值增值越高，他们修正治理机制获取的效用越大。

持股比例将家族与企业命运捆绑在一起，该指标越高则家族与企业联系越紧密，控制家族越可能依附企业获得社会地位、政治地位（Gomez-Mejia et al.，2007），实现"光宗耀祖、造福桑梓"的家族梦。家族社会影响力延续受制于创始人年龄与精力，权杖一代代在家族内部传递是唯一解决方法。当创始家族持股比例较高时，代际传承成功的意愿较为强烈。创始人及其子女为此目标付诸努力，他们会更积极地改善治理机制使其更适合代际传承前后环境的变化,他们将就战略、控制权配置以及具体财务、人事等政策安排做出修正,显然创始人及其子女通过改善治理机制获得的效用与预期成功传承后价值增值正相关,传承成功后获得的价值增值越大,创始人及其子女越有意愿进行治理机制的修正。

$$\Delta U'_\lambda = C(1-p)ESe^{-\lambda C} > 0 \qquad (3-6)$$

一般而言,家族企业代际传承成功后的价值增值 E 都比较大,足以使式(3-6)大于零。

命题Ⅱ:家族企业治理机制越符合市场规律、越成熟,创始家族获取的效用越大。

家族企业治理机制完全不同于非家族企业。这是因为家族企业治理机制不是建立在所有权与经营权分离的基础上,而是建立在亲缘、地缘及业缘关系的基础上。家族企业中常见的所有权、管理权分配形式如父子控股、父亲担任董事长、儿子担任总经理,或夫妻控股、丈夫担任董事长兼总经理、妻子任财务总监等,而且家族成员董事占比通常也较高。考虑到血亲和姻亲的信任和捆绑,这样的控制权配置方式不存在所有权与经营权的分离,因而不存在第一类代理问题。但 Schulze 等研究认为,家族企业这种关系治理机制存在严重的搭便车、自我控制及利他主义等代理问题,这些是不适合代际传承的主要因素。治理机制偏离市场越远,创始家族修正治理机制需要付出的努力越多,从而所得效用越低。

$$\Delta U'_c = \lambda(1-p)ESe^{-\lambda C} - (1-P) > 0 \qquad (3-7)$$

命题Ⅲ:创始家族修正治理机制的努力成本越高,所得到效用越大。相反,努力程度越低,则获得的效用越低。

完善治理机制阻力大。关系渗透到治理机制的各个方面:关系信任、关系用人、关系考评及关系决策等。家族成员不论能力如何均能在家族企业内部轻松获得管理职位,家族关系网左右了治理机制(Cruz et al.,2012)。家族企业发展初期这种治理机制能够增强内部凝聚力，促进家族企业快速站稳脚跟，但显然它不适应代际传承的要求。修正治理机制面临两个重要任务：一是斩断家族复杂的关系网，克服家族内部矛盾；二是建立有效的替代制度，防止抽离家族关系后可能发生的失控。创始人及其子女修正治理机制的决心及付出越大，治理机制越适合代际传承要求，所得效用越高。

$$\Delta U'_k = (1 - P) > 0 \quad\quad\quad (3-8)$$

命题Ⅳ：搜寻有能力的职业经理人成本越高，创始家族修正治理机制越有积极性。

国美案引发了关于家族企业管理权配置的热议。已成功实现代际传承的创始人茅理翔先生认为我国职业经理人市场尚不健全，很难找到合适的职业经理人，而且职业经理人的行为多具有短期性，不符合创始家族的本意。与其花费较高成本寻找职业经理人，不如付出成本修正自身治理机制，使其成为辅佐子女接班的重要力量。

进一步对修正治理机制可获得效用增值求最大化的创始家族努力程度，面临的问题是：$\text{Max}\{(1-P)[(1-e^{-\lambda C}) \times E \times S - C + K + B]\}$

令式（3-7）等于零，解得 $C^* = \dfrac{\ln(ES\lambda)}{\lambda}$；又

$$\Delta U''_c = -\lambda^2(1-p)ESe^{-\lambda C} < 0 \quad\quad (3-9)$$

当 $C^* = \dfrac{\ln(ES\lambda)}{\lambda}$ 时，创始家族修正治理机制可获得最大化的效用增值，即：

$$\Delta U^* = (1-p)\left(ES - \dfrac{1+\ln(ES\lambda)}{\lambda} + K + B\right) \quad (3-10)$$

显然式（3-10）大于零，创始家族才有修正治理机制的动力。由于成功传承带来的 E 值通常较大，式（3-10）大于零条件容易满足，因而代际传承中创始家族预期会采取各种措施完善治理机制，解释了家族企业在代际传承时期加大力度引进外脑等系列决策。

对 C^* 中 S、E、λ 分别求偏导：

第三章 代际传承时期公司治理理论研究：关系治理机制的框架

$$\frac{\partial C^*}{\partial S} = \frac{1}{S\lambda} \qquad (3-11)$$

$$\frac{\partial C^*}{\partial E} = \frac{1}{E\lambda} \qquad (3-12)$$

式（3-11）、式（3-12）中 E、S、λ 均大于零，故 $\frac{\partial C^*}{\partial S} > 0$，$\frac{\partial C^*}{\partial E} > 0$，由此得到：

命题Ⅴ：创始家族持股比例越高、预期成功传承获得的增值越高，他们修正治理机制投入的努力越多。

命题Ⅴ强调创始家族持股比例以及代际传承成功带来的增值对创始人修正治理机制决策的影响。当创始家族持股比例较低时，家族从企业难以获得更多非财务利益，成功进行代际传承所获得的预期增值也比较低，过多投入成本修正治理机制反而会降低创始家族效用。若持股比例较高，即使不考虑财务利益，创始家族还能获得较多非财务利益，成功传承所获得的预期增值越高，创始家族越有积极性修正治理机制。

$$\frac{\partial C^*}{\partial \lambda} = \frac{1 - \ln(ES\lambda)}{\lambda^2} \qquad (3-13)$$

式（3-13）中，E 值足够使 ln（ESλ）的值大于 1，因此 $\frac{\partial C^*}{\partial \lambda} < 0$，由此得到：

命题Ⅵ：家族企业治理机制水平与创始家族付出的努力负相关。

治理机制越符合市场规律越成熟，调整磨合的成本越低，也就是创始家族所付出的努力成本越低。

由以上分析，可以得到以下结论。

第一，创始家族的持股比例越高，创始家族越有积极性进行治理机制的完善，因此获得的效用也越大。这与以往研究结论一致，即创始家族持股比例越高，代际传承的意愿就越强烈。第二，预期成功传承获得的增值越大，创始家族越有动力进行治理机制修正。成功传承后的预期增值激发创始家族执行代际传承的决心，尽管成功传承并不意味着财务利益一定显著增加，但却伴随家族非财务利益的实现，早期研究也认为家族越看重非财务目标，越不愿意将企业传承给职业经理人。第三，进入代际传承实施期的家族企业治理机制越依赖家族关系，对其进行修正所带来的效用越低。由于创始人即将退出企业经营，原有治理机制的运转越依赖创始人个人，代际传承越难成功，修正治理机制的成本越大。第四，创始家族修正治理机制投入的努力越多，修正治理机制带来的效用增值越大。创始家族熟知企业治理机制运转的优缺点，其投入精力与成本越多，修正治理机制效果越明显。第五，外部职业经理人市场越不成熟，创始家族修正治理机制的积极性越高。我们进一步地分析认为，投入的努力成本分别受创始家族持股比例、代际传承成功的预期增值，以及家族企业现有治理机制水平不同方向的影响。

第五节　本章小结

家人、家族及同乡、旧友等关系影响家族企业的治理，在中国本土家族企业中表现更显著。本土家族企业经历改革开放40年磨炼，倒下的不计其数，活下来的已然积累形成自身独特的治理机制，尤其是屹然站立40年的家族企业，而这当中编织着家族企业的生存脉络，引导着家族企业发展思路的亲缘关系自然是浓墨重彩的一笔。作为发展中国家的重要经济体，中国本土家族企业关系治理机制研究极具代表性，它反映了家族企业在市场经济不完善体制下的治理特征，详尽展现了家族企业与国有企业在不对等竞争环境下的治理之道。该问题研究将拓展现有公司治理理论，集中显示发展中大国的家族企业治理机制规律、个性及生命力。

中国家族企业的成长与关系有着千丝万缕的联系。家族企业内的关系是以血缘、姻缘维系并以家族、家庭捆绑的一种亲缘体现，它既展现了关系中功利、工具性的一面，也突出了关系中利他、无私性的一面，家族企业中的家族关系是"中国式关系"内涵最集中的体现。

关系治理是从乡土社会中孕育出的带有浓厚中国味儿的家族企业治理理论，正是关系治理推动了中国家族企业的发展，形成中国家族企业独特的竞争力。以情感性关系为基础的关系治理，约束依附在"关系"上的"报、人情、面子"等情感成分，以工具性关系为基础的关系治理，约束依附在"合同、规章、道德"等规则成分，创始人经营时期的关系治理机制以情感性关系为主、工具性关系为辅，以情感性信任为主、认知性信任为辅，以非财务目标为主、财务目标为辅。该时期的关系治理机制在控制权配置、决策过程及激励机制方面都表现出显著的特征，但关系治理机制也将随环境变化发生变革。

接下来，我们拟从创始人经营时期、代际传承准备期及代际传承实施期数年的长期视角，进一步提出并分析家族企业的关系治理机制演进方向、机制与过程。

第四章 代际传承时期公司治理理论研究：关系治理机制的演进

第一节 创始人经营时期：基于权威信任的关系治理机制

改革开放以来的中国家族企业发展历程可以分为两个阶段：一是创始人经营阶段，也是家族企业的起步、立足以及腾飞的时期。二是接班人经营阶段，也是家族企业寻求新契机的时期，接班人成为带领家族企业第二次腾飞的核心领导。从实践上说，这两个阶段不是严格割裂的，接班人通常在创始人经营阶段就进入家族企业，参与并决定家族企业的某些重要经营决策，一般在经历"带三年、帮三年、看三年"的培养模式后，创始人才会将权杖传给接班人，实现家族企业经营的延续，而这中间3—8年的代际传承时期起到承上启下的过渡作用，也是关系治理机制演进的关键时期。

一 权威概述

（一）权威概念与分类

权威同权力紧密联系。丹尼斯·朗认为最有影响力的权力定义是韦伯提出的，即所谓权力指一个人或一些人在社会行为中，甚至不顾参与该行为的其他人反抗而实现自我意志的机会。权力表现为一个人对另一个人的控制。从理论上说，权威建立在权力基础上，是权力的形式，其实质是发布命令。权力的实施通常有一定的制度或习俗的保证，如果一种权力能够正常地在合法化基础上运行，就代表拥有权威（翟学伟，2004），权威往往是内在的、内化的或心理上的，遵从权威是中国社会一种相当普遍而重要的价值信仰和社会现象。权威是对他人判断未经检验的接受，即权威是使人可以感觉到的说话人的身份、资源和个人品质引起的遵从，是一种不讲为什么的事情，总之，权威是成功的命令或嘱咐（丹尼斯·朗，2001）。从实践上看，人与人之间的一切命令和服从关系都可以看作权威的实例。

从权威的分类看，一般沿用韦伯提出四种权威形式：第一，建立在明文规定的法律基础上的法理型权威；第二，建立在对具有特殊魅力的领袖人物崇拜基础上的个人魅力型权威；第三，基于习俗力量或源于自然的亲缘关系上的传统型权威；第四，个人魅力型权威和传统型权威的结合则构成了封建型权威。同样地，科耶夫认为存在着四种纯粹的、不可还原的权威，即父亲的权威、主人的权威、领袖的权威及法官的权威，可以看出尽管研究角度不同，但与韦伯提出的权威形式一一对应。而丹尼斯·朗将权威划分为五种形式：强制性权威、诱导性权威、合法权威、合格权威及个人权威。其中：强制性权威指武力威胁使权力对象服从；诱导性权威描述的是积极制裁威胁；合法权威指一方拥有公认的发布命令的权利，而另一方有公认的服从义务；合格权威指一方拥有一种专业资格，另一方出于利益需要才服从；个人权威指一方自愿讨好或效劳服从另一方，是一种纯粹型权威。具体到企业组织中，权威又被分为职位权威、专家权威等不同形式。

与西方学者研究土壤不同，中国学者认为中国社会和科层组织中的权威同韦伯的传统型权威以及丹尼斯·朗的个人权威最为接近，继而引申出"长老权威""乡土权威"等概念，但同时也结合本土特色提出了新的一种权威种类——日常权威（翟学伟，2004），即不占据高职位的人透过关系也可能拥有的权威。日常权威不是从地位和身份角度观察权威，而是从"关系"角度来看权威，这是因为中国人对权的运用不是通过研究制度规定所能看得清楚的，观察个人的"关系"以及其参与的社会互动，才能清楚观察此人的权威，日常权威的发生来自日常交往。

（二）创始人权威

家族企业是家族组织与企业组织的结合。家族组织中存在建立在自然亲缘关系上的传统型权威，即父亲的权威，这种父亲的权威同样能得到非家族成员的承认。企业组织中存在特殊魅力的领袖人物崇拜基础上的个人魅力型权威，由于企业创建、运行需要严格遵守政府法律、法规，因此企业中还存在法律基础上的法理型权威。家族与企业组织合二为一，就产生了集传统型权威、个人魅力型权威与法理型权威为一体的独特权威——创始人权威。

创始人权威来源于创始人在家族中的中心角色以及在企业中的主导作用。从性别上看，中国本土家族企业创始人基本为男性。[①] 而且创始人大都为中年时期创业，同时在家族中扮演父亲、兄弟及儿子的角色，创始人责任范围小到养家糊口，大到光宗耀祖，他们是家族中重要的中心角色，也是主要的财富创造者，因此拥有依据血缘、姻缘关系产生的令人服从的力量。创始人最主要的品格是勇于开拓、敢于拼搏等，是经营家族企业必不可少的精神动力，也是提炼打磨创始人个人魅力的基本元素，即在不断解决问题的过程中形成了使人遵从的力量。最后，创始人为企业的最大股东，手握企业的最高管理权，一方面掌握着家族企业的命运，是家族企业发展壮大的中坚力量；另一方面掌握着组织奖励、惩罚的最终权力，因此带来令人服从的力量。

创始人直接掌握权威，因而创始人权威可看作独立的权威，既无

---

① 中国传统家文化以男性为家族的中心，费孝通指出"中国的家扩大的路线是单系的，就是只包括父系这一方面"，这意味着男性在家族乃至企业中更易于获得权威。费孝通：《乡土中国》，生活·读书·新知三联书店1985年版，第38页。

须任何人指定也不是从他人手中继承。创始人权威不同于非家族企业的领导人权威,这种独立的权威是自发产生的。[①] 它能带来较大的员工认同与信任,而非家族企业的领导人权威有指定的成分,比如国有企业的董事长或总经理都是经过政府或上级主管部门指定产生,尽管拥有合法权威,但缺少个人权威,员工认同与信任程度比家族企业创始人的低。创始人权威与一般的领导人权威不同之处主要在于其拥有坚固的情感基础。

(三) 创始人权威的延伸

需要注意的是,家族企业还存在着一种特殊的权威,它是由创始人权威延伸出的权威,它是建立在与创始人的紧密关系基础上的权威,是借用了创始人权威而得到的权威。与创始人关系亲密的人,即使不具有法理型权威、传统型权威及个人魅力型权威中的任何一个,仍可以依赖与创始人紧密的关系拥有这种延伸的创始人权威,即前文所提到的"日常权威"在家族企业中的具体表现,比如家族企业中的共同创始人及创始人至亲便拥有这种日常权威。企业内的日常权威起到将创始人权威逐层分解至企业末梢的作用,借用了创始人权威的人可能并没有高管职位,但却可以影响决策、执行及奖惩等工作。根据差序格局原理,日常权威一圈一圈推及出去,其效力会随着关系的紧密程度逐级减弱。创始人权威与日常权威的完好结合,是创始人经营阶段权威体系运转的关键,但是日常权威被不恰当运作将会毁损创始人权威,降低关系信任程度。

此外,家族企业中还有一些独立存在着的权威,如技术专家拥有的专家权威(合格权威)等,与非家族企业中也很常见的一般意义上的权威相同,但在家族企业中并不一定处于主流地位。

[①] 权威的继承对立于权威的自发发生,并以世袭、选举及指定的方式进行。依据科耶夫的思想,非家族企业的领导人权威是一种"依赖的"权威的继承。科耶夫:《权威的概念》,译林出版社2011年版,第78—79页。

二 权威信任

组织运作的基本机制是信任（Morganand Hunt，1994），信任是维持组织效能与维系组织生存的重要影响因素。郑伯埙认为组织内的信任是双向的，包括下属对上司的信任与上司对下属的信任，上司对下属的信任出于两个原则：忠诚和才能，即使在非家族企业也是如此。而家族企业中的下属对创始人的信任问题比较特殊，相对于创始人对下属的依赖，下属对创始人的依赖更大，权威信任描述的是下属对创始人及其所代表家族企业的信任，是关系信任的具体表现形式之一，创始人经营阶段的权威信任较为突出。

（一）权威信任的内容

家族企业权威信任建立在两类特殊权威即创始人权威及其延伸的日常权威基础之上。家族企业由血缘、姻缘及地缘、业缘等共同编织的一张关系网为权威信任建立了基础，创始人是"关系"的中心，也是"关系"中的权力方，身处关系网中的下属自然会向创始人靠拢，表现为对创始人权威的信任。关系网络除了需要中心以外，还需要向外扩展的条件，创始人权威延伸的日常权威便构成权威信任的一部分。拥有延伸的日常权威的人做出决策具有一定威慑力，而这种依赖性权威在家族企业中很常见。创始人的关系人常拥有超越其职位、技术、人格魅力的权威，其隐藏在职位、技术、人格魅力背后的权威即是关系带来的一种创始人权威延伸。家族企业从上到下一致的态度和决心在创始人经营阶段成为家族企业良好经营业绩的保障，但对创始人权威的信任也会使企业蒙受损失。这种情况经常发生在创始人做出错误的战略决策时。

（二）权威信任的文化根源

权威信任背后更深层次文化根源在于中华民族英雄主义情结。中国传统文化认为英雄是国家和民族的精神脊梁，进而对英雄的崇拜、信仰及追随有时可能超越理性的界限。创始人一般都经历过艰苦的创业时期,并且创业期的企业失败风险很高,调查认为,中国中小企业的平均寿命仅为 2.5 年。① 创始人作为掌舵人既要负责解决企业所遇到的资金困难、技术"瓶颈"以及各种创建初期的管理难题,还要承担企业经营失败的所有代价。从创立企业到带领企业克服重重生死考验,其身上已经具备英雄的元素,家族企业创建与成长和创始人之间特殊的关系,成就了创始人权威信任,待到家族企业站稳脚跟之时,创始人自然被神化成家族企业头号"英雄人物"。因此,下属对创始人权威的信任有时甚至偏执到只针对创始人而不论创始人的管理能力或技术水平高低的情形。

(三)创始人权威信任的属性

关系种类的不同,创始人权威信任的属性也不同。拥有血缘、姻缘等情感性关系的下属,对创始人传统型权威的信任成分较大,较多地呈现情感性信任特征。拥有地缘、业缘关系的下属,一般对创始人个人魅力型权威的信任成分较大,兼有情感性信任与认知性信任。血缘、姻缘及地缘、业缘关系网正常运转的前提是对关系网中心创始人的情感依附和情感追随,这种信任在创立家族企业之前就客观存在,在家族企业创立后转移进来,并伴随着家族企业成长而加强,创始人能够将企业经营得更好成为关系成员唯一信念。郑伯埙提到中国家族企业权威信任中的另一特殊原因,员工迫于生存而服从创始人权威,对他人行为的不确定与无知,也是信任得以发生的主要理由,除了信任没别的选择。这种对创始人权威的信任主要来自关系最边缘、最底层的员工。当然此类员工可能对权威表现为较多成分的认知性信任,因听闻创始人创业经历、目睹创始人行为而产生的信任,也可能随着工作年限的增加产生对创始人的情感性信任。

关系运作有利于增强权威信任,是创始人及其家族成员尤为重视

---

① 2012 年年初,普华永道会计师事务所发布了《2011 年中国企业长期激励调研报告》。据统计,中国中小企业的平均寿命仅 2.5 年,集团企业的平均寿命仅 7—8 年,与欧美企业平均寿命 40 年相比相去甚远。

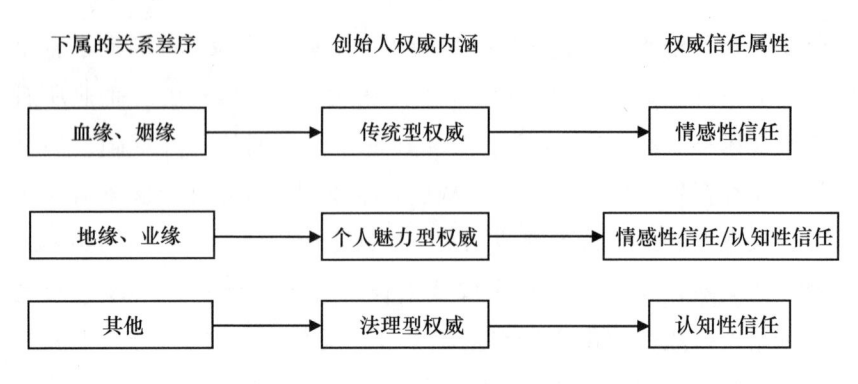

```
下属的关系差序            创始人权威内涵            权威信任属性

  血缘、姻缘    →    传统型权威    →    情感性信任

  地缘、业缘    →    个人魅力型权威    →    情感性信任/认知性信任

    其他       →    法理型权威    →    认知性信任
```

图4-1 关系差序与创始人权威信任的属性

的。彭泗清认为关系运作是中国人建立和发展信任的重要途径,常利用袭、认、拉、钻、套、联六种方法建立和维系关系。① 家族企业创始人为了使权威信任更牢固,通常也会利用工具性色彩较强的方法,还会采用相互尊重、交流思想感情等情感性色彩较强的方法,必要时还会采用法制手段,增强权威信任程度。

三 基于权威信任的关系治理

(一)权威信任体系

关系治理遵循"关系—约束—信任—治理"路径,权威信任是创始人经营阶段关系治理的主要信任形式。在创始人经营阶段,权威信任体系运转是关系治理的内在表现。家族企业的权威体系是以创始人权威为中心、延伸创始人权威为辐射,建立企业从最高管理层到基层员工的信任网络。基于牢固的权威信任体系家族企业的行为决策得以有效聚焦与执行。

家族企业权威信任体系如图4-2所示:权威信任体系被分为数

---

① 当代中国人六种建立和维持关系的方法。袭:承袭已有的关系资源;认:主动与他人确认共同的关系基础;拉:没有既有关系或既有关系太远时努力拉上;钻:通过各种手段接近权威人物;套:套交情、套近乎;联:扩展关系网。乔健:《关系刍议》,转引自杨国枢《中国人的心理》,中国人民大学出版社2012年版,第85—86页。

第四章　代际传承时期公司治理理论研究：关系治理机制的演进

个层次，第一层次是创始人权威信任，对应的为最高管理层，依次分别为创始人权威延伸的日常权威信任，对应的为高级管理层、中级管理层与低级管理层三个层次。创始人权威位于权威信任体系的中心位置，图4-2中最中心的圈代表创始人权威，第二个圈代表创始人权威的第一层延伸，第三个圈代表创始人权威的第二层延伸，直至最外层一圈。透过权威信任体系，将创始人权威逐层扩展，直至企业的最基层。创始人经营阶段形成了家族企业权威信任自上而下的完整体系。

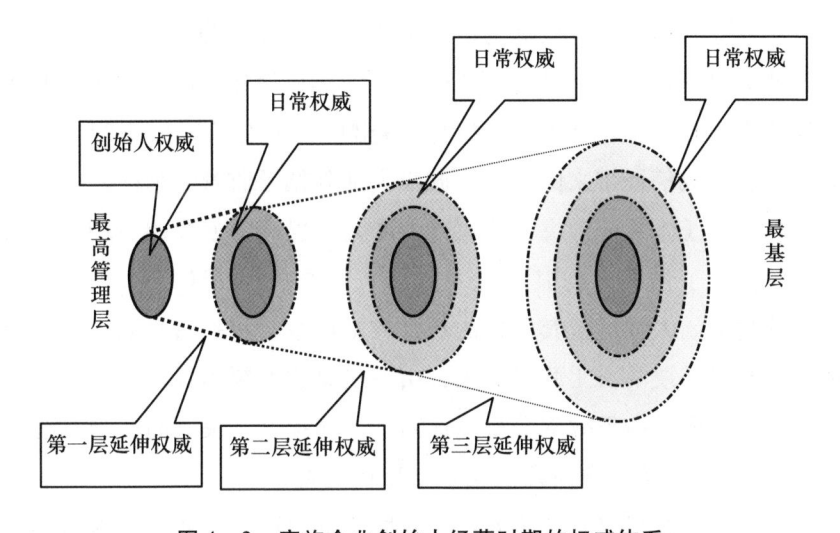

图4-2　家族企业创始人经营时期的权威体系

图4-2从左往右显示了创始人权威延伸的过程。牢固的权威体系帮助家族企业的行为决策得以聚焦与执行。家族企业权威体系向外依次延伸，尽管每一次延伸的权威力度有所减弱，但仍是实现创始人权威延伸的有效手段，最右边为创始人权威延伸的边界，创始人经营时期形成了家族企业权威由里而外的完整体系，该体系保障了创始人决策最大限度地得以实施。

（二）权威信任体系的作用

家族企业透过"关系"进行授权、协调与监管，继而实现控制家族目标，这其中依赖"关系"的权威信任体系发挥了重要作用。

权威信任体系使得所有权和管理权的配置发挥最大效用。家族企业所有权和管理权虽然依据"关系"进行配置，但配置之后还存在权力如何使用问题。所有权、管理权的行使效率还依赖完整的权威信任体系，正是出于对创始人权威及其延伸权威的信任，控制家族股东成员比非家族企业的股东更重视企业的持续经营。相似地，拥有管理职权的下属表现出更多的勤勉、担当，有利于管理权更充分地使用。

权威信任体系使得协调与监管变得相对简单。创始人拥有被全员认可的权威，而且对该权威的信任更偏向情感性，劝导、命令可成为遭遇冲突时有效解决问题的方式，权威信任在消除下属争议中能起到重要的平衡作用。郑伯埙（1999）指出信任能有效降低组织内部代理成本，权威信任带来的下属忠诚极大地降低了监管的难度。

权威信任体系使得决策的执行力度大为提高。使命感、归属感及成就感提高了创始人与其亲缘及地缘、业缘关系人对于决策的执行力。通过创始人权威及其延伸的日常权威体系，将拥有最高管理权的创始人与最基层的员工联系起来，由于信息沟通渠道通畅且统一，决策的执行方向、执行效率等得到保障，从而提升了决策的执行力度。

（三）创始人经营阶段的关系治理机制特征

首先，强调集权。创始人经营时期是奠定家族企业行业地位的重要时期。作为控制家族的代表，创始人集控股权、最高管理权于一身，最大限度地激发了创始人的潜力，研究表明家族企业初期良好业绩与创始人的个人努力、激情以及对家族的责任密不可分（Fan et al.，2012）。创始人依赖个人网络建立起的各种关系，并借助家族企业整体的力量维持。创始人与员工、政府、银行及战略伙伴的关系为家族企业发展创造了适宜的环境（Faccio，2006），创始人关系网络和社会资源，成就了家族企业独特的竞争力。创始人成为这一时期家族企业的唯一的权威指挥中心。

创始人得到的认可以及拥有的地位是无法超越的，这部分归因于集权。因此，创始人经营时期关系治理一个较明显的特征即为强调集权。需要指出的是，家族企业关系治理的集权特征与创始人个性有紧密联系，多大范围内集权、多少程度上依赖非家族成员等方面均有较大异质性。

其次，强调高效。权威的高信任度带来高执行力。高度信任提高了合作的效率，有效降低组织内部各种代理成本，使命感、归属感以及成就感提高了创始人与其亲缘及地缘、业缘关系人对于决策的执行力。尽管家族企业的决策机制并不比非家族企业完善，但决策的执行力超过非家族企业，尤其是创业初期，家族成员及共同创始人往往身兼数职，亲力亲为高效高质完成工作，此时的执行力最高。彼此间的高度信任将团队成员牢牢捆绑在一起，权威信任带来的下属忠诚极大地降低了监管的难度。对中国人而言，维持关系内的和谐与团结似乎比强调利益更为重要，关系中的每一个参与人都不愿轻易打破已有的平衡（Hwang，1987）。另外，权威体系使得协调与监管变得相对简单，创始人拥有被全员认可的权威，使得创始人劝导、命令成为遭遇冲突时有效解决问题的方式。

最后，高风险。基于权威信任体系的关系治理使家族企业的经营时刻处于高风险状态。该机制下创始人是所有决策的中心，直接导致家族企业对创始人个人依赖过多，从企业长期战略拟定到具体执行细节，从采购政策到销售方针等都由创始人主导。限于创始人的精力和能力，即使不考虑外部风险，家族企业就已经处于很高的经营风险之中，创始人一个错误的决策可能就会让企业付出惨重的代价，创始人遭受意外（起诉、重病、身故）也会带给家族企业重大灾难。[①]

这是由该时期以权威信任为基础的家族企业关系治理机制自身带来的，尽管如此，创始人经营时期的关系治理机制同时也具备不可替代的风险损失修复作用，这正是该机制的魅力所在，因为权威信任下

[①] 一直由创始人领导的企业，创始人的突然离世将对企业的战略等方面产生巨大的冲击。

的关系治理拥有的高凝聚力、高执行力，能帮助企业快速调整方向。

第二节 代际传承准备期：基于权威信任的关系治理机制遇到挑战

中国改革开放以来首批创立的家族企业部分已经完成第一代到第二代的成功传承，如方太集团；也有部分正处于代际传承的时期，如娃哈哈集团。首批家族企业创始人大都已过退休年龄，家族企业第一波接班潮即将到来。但是，令创始人担忧的不仅仅在于如何选择接班人，更在于如何才能顺利交接。实际上，代际传承对于家族企业而言是一场严酷的考验，仅有30%的企业能成功传承到第二代，不到10%的企业能传承到第三代（Birley，1986）。代际传承要求家族企业做全方位的准备，首先是关系治理机制调整。

一 代际传承准备期

Murray（2003）研究认为家族企业整个代际传承的周期在3—8年，中国知名家族企业方太集团是传承成功的典范，其实践的"带三年、帮三年、看三年"的传承规划得到国内家族企业广泛的认可，即代际传承的周期约为九年。综观近些年的传承案例，中国本土家族企业传承过程基本表现为后代出国深造、入职锻炼、入主高层和完成传承四个步骤。一般来说，子女入职拉开传承大幕，可视为代际传承进入准备期的标志，传承进入初期阶段。

（一）最大规模利他行为实施

所谓家族的利他行为是指创始人采取的有利于他人福利增加的行为，即便这种行为有时可能不会增加自身的福利。利他主义行为普遍存在于家族企业中，这是因为家族内部存在亲属网，Cruz等（2012）提出亲属网中的"共同的社会资本及亲属间的信任"使得家族内部成员间拥有共同的利益，而在共同利益的驱使下，创始人倾向于对家族内部成员实施利他行为,不仅如此,创始人对于非家族成员的共同创始人及重要员工也有实施利他行为的倾向。

家族企业倾向于雇用家族成员,在亲属与非亲属之间存在不同的利他主义,越熟的人得到帮助越多。利他主义行为的实施增加了家族企业的社会认可及归属感,Schulze 等(2003)认为家族企业实施利他行为的原因是"他们非常享受社会对这种慷慨行为的认可"。而且利他主义行为扩展面越广,创始人得到的成就感就越大。Dollinger 和 Golden(1992)研究表明家族企业的利他主义和信任使得家族企业成为成本最低、最有效率的组织形式。

Cruz 等(2012)检验了嵌入家族成员的企业家能力和情感价值两种观点的中小家族企业雇用行为,研究结果显示中小企业的家族雇用能减少机会主义成本。最明显的利他行为是表现出较高的社会责任水平,来自污染类企业的数据表明,家族企业会尽量减少污染水平以树立家族形象,即使这种行为没有明显的经济回报(Berrone et al.,2010)。由于互惠关系存在,家族企业会追求其他相关利益者的福利,即使这样做他们并不能得到相应回报,Berrone 等(2010)研究认为出于利他原因,家族企业会尽力融入社区而且经常担任各种活动协会的资助方。

在众多利他行为之中,代际传承是规模最大的。受利他主义思想影响,创始人想尽力将企业传给后代,让后代顺利继承家族已有的社会地位及财富,免于从零开始的艰辛。创始人对子女的利他行为最为直接,亲代利他主义创始人通过增加子代的福利来间接提高自己的福利水平。一是创始人会过度溺爱子女以弥补自己没有对家庭尽到责任的缺憾;二是将企业传给子女能延续家族的名声和社会地位以满足自身的社会认可及优越感。综合看代际传承是家族企业利他主义行为的典型体现。创始人子女进入家族企业就职,标志着创始人做好了实施最大规模利他行为的心理准备。

(二)代际传承风险开始酝酿

子女进入家族企业就职可能成为激化家族成员矛盾的导火索。如前所述，创始人在决定由谁来担任继承者角色时，往往是依据一些非相关因素如与家族成员的关系亲密程度等，而不是比较谁的能力更强，这为传承后的经营带来隐患。家族成员间缺乏信任、继承者缺乏荣誉感及进取心将阻碍家族企业代际传承的成功，家族中兄弟敌对、亲属互不相容现象也非常突出，另外共有价值观、家族代际间传统惯例认可均是风险的根源（Massis et al. , 2008），一方面创业者离开企业，另一方面继承者未建立积极的情感价值认同，家族企业经营将会陷入困境，这种现象尤其表现在第二代家族企业传承中。

结合前文分析，代际传承风险根源于三个方面。

1. 创始人即将退出企业。产生于个人与组织、团队、外部环境互动过程的创始人专用性资产流失会给企业带来较大冲击（Fan et al. , 2012）。

2. 家族内部继任者欠缺管理经验。继任者通常不是最合适的候选者，却仍可在企业中轻松获得高层管理职位（Schulze et al. , 2001）。

3. 利益相关者关系重建。围绕继任者将组建新的内部管理团队，同时与政府关系等也将发生改变。

研究表明家族企业的平均寿命为24年，刚好是创始人在公司的平均任期（Beckhard and Dyer, 1983），代际传承仿佛是家族企业的一道催命符，家族企业应早做准备并制订更周密的传承计划。

二 代际传承的本质

代际传承，传承的究竟是什么？不是一个权杖，也不是一张资产负债表。如前文所述，对于接班人而言，若不能很好地继承创始人专用性资产如企业家默会知识，纵然顺利接过权杖，也可能将失去创始人经营阶段精心培养的核心竞争力，若不能很好地利用创始人专用性资产，纵然接过一张完美的资产负债表，也可能将创始人经营阶段创造的财富消耗殆尽。但家族成员亲密和谐的代际传承同时也可能是一次创新的契机（Hauck and Prugl，2015）。

（一）创始人专用性资产的性质

资产的专用性反映了在多大程度上一种资产可以用于其他用途或由其他使用者使用而不牺牲其价值（Williamson，1979），Williamson进一步指出画家、建筑师、学者、职业经理人等这种由个体创造出的资产，其专用性程度不能算最高，因为他们的离去不会给组织带来更大的损失，而相反在个体、团队、组织互动中产生的专用性资产，其专用程度最高、价值也最难衡量，带有这种专用性资产的劳动者离去会给组织带来极大的损失。家族企业的创始人即属于拥有此类专用性资产的劳动者。

创始人专用性资产从性质上看类似于无形资产，会计上无法准确计量因而不反映在资产负债表中，但创始人专用性资产的价值不容忽视。首先，创始人专用性资产具有旗帜效应，由于创始人富有个人英雄主义色彩，其品格、思路及行为都具有独一无二性并得到组织认可，容易在组织内部树立引导作用。其次，创始人专用性资产含有凝聚力，这是因为创始人专用性资产产生于与团队、组织的互动过程，共同的经历增加了员工对创始人的忠诚与信服。最后，创始人专用性资产含有亲和力，创始人是实施利他主义行为的主体，是共同创始人实现理想抱负的中心依靠，同时在员工看来是创始人提供了工作机会。创始人在下属心目中具有亲切感，能够对下属施加影响力。创始人专用性资产在家族企业创立及发展时期发挥了极大的作用，它的专用性程度高且价值大。

（二）创始人专用性资产的形成

所有权和经营权合二为一是创始人专用性资产形成的前提。作为企业所有者又亲自参与企业经营，创始人在家族企业里找到了自我空间，华人强烈的自我主义扩展了主人翁意识的经济效应，最大可能地调动了创始人的积极性。为家族更是为实现自我抱负而工作的决心，使创始人表现出超于常人的潜能，家族企业的良好业绩与创始人的个人努力、激情以及对家族的责任密不可分。所有权与经营权统一在创始人手中促进创始人专用性资产的形成。

创始人个人的关系网是创始人专用性资产形成的基础。创始人依赖个人网络建立起的各种关系，往往成就了家族企业独特的竞争力，创始人与员工、政府、银行及战略伙伴的关系为家族企业发展创造了适宜的环境（Fisman，2001；Faccio，2006）。对内创始人身处各类关系的核心为关系中的权力方，创始人决策的执行力更高，对外创始人是家族企业的权威代表，更容易得到政府、银行及其他外部利益相关者的信任，随着家族企业工具性关系网不断地铺开，创始人依托家族企业拓展了自身的关系网，这些不断积累和延伸的关系网是形成创始人专用性资产的重要推动。

创始人长时间的经营是创始人专用性资产形成的保障。创始人专用性资产的形成是日积月累的结果。一方面，长时间的经营能使创始人的经验越来越丰富，对行业的宏观把握以及对企业的优劣势认识越来越清楚，因此制定战略决策越有针对性。另一方面，长时间的经营能促使创始人不断扩张工具性关系网，同时又增加了创始人将工具性关系转化为情感性关系的机会，有助于提升创始人专用性资产的价值。

（三）创始人专用性资产的转移

创始人专用性资产将随代际传承开启而逐渐转移，代际传承是创始人专用性资产转移的过程（Fan et al.，2007）。创始人专用性资产构成家族企业的核心竞争力，控制家族希望代际传承后家族企业仍可享有创始人专用性资产带来的收益，接班人继承的创始人专用性资产越多，越有利于平稳地交接。接班人二次创业建立在创始人专用性资产的基础之上，并非意味着对创始人专用性资产的放弃。

但是继任者即便是创始人的子女，也很难完全继承创始人专用性资产。子女长期与创始人生活，最能继承创始人的优点，子女被认为是能最大程度上继承创始人专用性资产的人选（Fan et al.，2007），但子女与创始人始终是两个独立的个体，因而无法完全继承创始人专用性资产，但仍有机会在创始人专用性资产基础上打造自身独特的专用性资产。即创始人专用性资产在代际传承过程中必将发生损耗，应提早重视该问题的破坏作用。

创始人专用性资产的转移也可以理解为是以创始人为中心的关系网络转向以继任者中心的关系网络。关系中心的转变并非一蹴而就，要求创始人与继任者早做准备。方太集团代际传承周期中的"带三年、帮三年"阶段即是实现关系中心转变的关键时期。入职是继任者进入关系中心的准备阶段，首先通过日常权威获取企业内部员工信任；就任高管是继任者进入关系中心的冲刺阶段，对内逐渐树立少帅权威，对外则代表家族企业出席社交场合，尤其是参与处理各级政府部门关系的协调与维系事项；担任董事长是继任者成为新关系中心的标志，继任者是否能实现关系中心的真正转移，是否能继承创始人专用性资产，是否能再发挥创始人专用性资产作用等都是代际传承后的衍生问题。

意识到代际传承中创始人专用性资产的转移比有形资产的转移更重要、更复杂，家族企业更加重视传承计划的全面性，基于企业层面的准备尤其是治理机制如何调整必然构成代际传承计划的重要方面。在此之前首要的问题是代际传承对家族企业创始人经营阶段基于权威信任的关系治理机制究竟带来哪些冲击？

三 代际传承的冲击

创始人经营阶段基于权威信任的关系治理机制随着代际传承时期到来而发生改变。创始人离去将抽走权威信任的中心；当企业影响力越来越大时，关系圈的范围依旧，但因为代际传承的需要，核心圈却变得越来越小；创始人将企业传承给子女的强烈欲望使利他主义行为异化为极端的利己主义，损害了创始人的权威信任；在企业的不断发展中，独立的专家权威、职位权威等一般权威地位也逐渐上升。这些都将对权威信任体系形成较大的冲击,动摇权威信任体系的基础。

(一)利他主义的异化

代际传承是创始人对子女利他行为的最高层次体现。子女无须花费资金便可得到家族企业,这个家族企业可能是个拥有数家上市公司的集团,也可能是销售额过千亿元的行业领头羊,中国本土家族企业的创始人对子女的慷慨程度难以想象。早期的研究均认为创始人利他主义行为有助于获得利益相关者的支持,但近期也有研究集中在利他主义行为也可能会在一定情况下增加代理成本,代际传承就是其中一种情形(Schulze et al., 2003)。

纵向不对称利他行为降低权威信任程度。纵向不对称描述了家族企业中创始人对子女实施利他主义行为却得不到子女回报的特征。由于创始人将过多的时间投入企业的经营中,较少陪伴子女的愧疚感促使创始人对其过分慷慨和疼爱,但并非都能换来子女的勤奋、积极和拼搏的同等回报,相反地,更加容易引发子女搭便车、推卸责任和过分依赖父母的行为(Schulze et al., 2003),这种现象称为纵向不对称利他行为。即便如此,将企业交给子女的利他行为仍然非常普遍。家族企业中可能存在的纵向不对称利他行为直接影响接班人权威信任,引发内部不满情绪。

横向不对称利他行为则可能带来更多矛盾。Steve Stewart-Williams (2007) 认为人对亲属与非亲属的利他主义行为不同,研究分成直系亲属兄弟、旁系亲属、熟人、朋友几个层次。家族企业中创始人实施的横向不对称利他行为主要表现在三个方面:第一,不同子女、侄婿间利他程度的不同;第二,其他家族成员间利他程度的不同;第三,家族成员与非家族成员的利他程度不同。横向不对称利他行为广泛存在于家族企业内部,只是在代际传承时期冲突更容易爆发。创始人利他主义行为异化挫伤有才干的其他家族成员的积极性,更严重的是带来家族内部的矛盾纷争、子女的明争暗斗等瓦解权威信任基础的行为。亲属竞争的情感成本会对传承具体决策起到显著的干预作用

(Jayantilal et al., 2016), 甚至会瓦解创始人的传承意愿。

代际传承作为创始人利他的行为, 其本质上是利己的反映。创始人这种利他行为的异化问题不断蚕食着家族企业关系治理的权威信任基础, 不等创始人离开就已经开始破坏创始人的权威。

(二) 权威信任体系失去中心人物

权威信任的中心是创始人, 限于精力和年龄创始人终将离开企业, 这必然影响权威信任体系的正常运转。

继任者很难完全继承创始人权威。代际传承预示着企业的管理权、所有权将交给子女, 实际上即使子女得到了创始人手中的管理权、所有权, 但归属于创始人自身的创始人权威并不能随管理权、所有权的转移而自然转移到子女身上。子女与创始人的成长和教育背景大不相同, 子女的理念更多受到西方教育的影响, 对于管理、事业及成就的认识更具个性化, 甚至对权威的理解也有别于创始人。尽管接班人在继任董事长职位后便可顺利拥有职位权威, 但子女与创始人是两个不同的个体, 创始人的传统型权威及个人魅力型权威并不能由遗传或继任得来, 从另一方面来说, 子女也不愿意处处顶着创始人权威的帽子行事。如此, 原有权威信任体系的中心人物——创始人离开企业前的一段时期, 基于权威信任的关系治理机制将面临较大的不适。

继任者也不需要完全继承创始人权威。创始人必然退出企业的经营舞台, 子女也终将需要独立担当企业的经营重任, 创始人权威的形成有一定历史背景和发挥作用的环境, 不同于继任者经营阶段的背景与环境, 创始人权威尽管在家族企业创业与扩张期起到很大作用, 但在家族企业发展步入成熟期时未必适用, 急切寻找新的增长点恰好为子女树立自身权威提供良好的机会, 这也是"企二代"变身"创二代"的意义所在。因此, 与思考如何完全继承创始人权威相比, 对子女而言, 尽早树立创二代权威更为紧迫。创始人的离去将动摇权威信任体系的基础, 基于权威信任体系的关系治理机制变革不可避免。

接班人树立自身权威尚需时间。子女能否尽早成熟并过渡到家族的中心角色，能否在经营企业的过程中尽早树立个人的领导魅力还需要时间的检验。研究显示，子女进入高层管理团队的平均年龄为31岁，接替董事长的平均年龄约为35.4岁，而进入高层管理团队前平均已拥有4.14年的入职经历。[①] 从这组数据中可以得知，子女担任董事长前平均拥有近九年的与创始人共同经营家族企业的工作经验，由于并非是子女真正独当一面的时期，功过仍被归因于创始人，子女自身权威的树立需等传承之后的若干年。

（三）核心关系圈逐渐缩小

家族企业逐渐发展壮大，然而核心关系圈却逐渐缩小。家族企业刚起步时，核心关系圈范围甚至延展到业缘与地缘中的部分人，为了换取更多的资源与支持，创始人可能还会让出部分股权。在家族企业摸爬滚打的过程中，核心关系圈存在自然的进出。当家族企业逐渐站稳脚跟，原有规模的核心关系圈带来的利益纷争问题日渐凸显，创始人便可能人为缩小家族核心关系圈规模。更重要的是，在创始人考虑传承时，缩小的核心关系圈就更为必要，否则继任者人选将会成为第一个棘手的问题，所以在家族企业经营渐入佳境，需要为代际传承做铺垫时，"杀熟"现象时有发生，核心关系圈人为缩小是显著特征。

核心关系圈缩小冲击了家族内部的信任基础。控制家族成员间对企业的定位、资金的去向、品牌的归属等问题越发敏感，由于代际传承的脚步无法阻挡，创始人冒着挑起家族内部矛盾的风险主动收缩核心关系圈，动摇了创业时期家族内部的信任基础，家族内部成员轻则另立门户与创始人和谐相处，重则分道扬镳互不往来，家族内部成员有共同的意愿、相同的代际传承人选、统一的传承计划非常罕见。此时的家族企业都面临着家族内部信任度下降的风险，与此同时，企业的治理机制也应调整适应。

---

① 以2007年之前已上市且截至2012年12月31日仍处于代际传承实施期的家族上市公司为对象统计得到。

核心关系圈缩小直接削弱创始人权威的延伸程度。日常权威逐层发挥作用依赖亲密的关系，创始人的核心关系圈缩小意味着与创始人有亲密关系的人减少，即越来越少的人拥有日常权威，创始人权威延伸程度减弱。就如同抽走权威信任体系的支架，旧有的基于权威信任的关系治理机制失调，不能适应代际传承阶段的需要。

核心关系圈缩小坚定了借助外脑发展的理念。与缩小的核心关系圈相对应，外脑的引入数量是扩大的，即利用外脑优势弥补家族内部人员不足。总体上，工具性关系人数量增加而情感性关系人数量减少，逼迫关系治理机制调整。如何建立企业与新进下属之间的信任，如何减少日渐增加的代理成本，都考验着原有基于权威信任的关系治理机制。

（四）一般权威地位上升

创始人将更多依赖独立的职位权威与专家权威等非家族企业中常见的权威形式，家族企业中的一般权威地位有所提升，独立的职位权威与专家权威日益扮演重要的角色。创始人经营阶段，创始人权威及延伸权威发挥主要作用，而职位权威与专家权威等一般意义上的权威种类处于次要地位，这一情况在进入代际传承时期后将发生改变。由于权威信任基础的动摇，加之核心关系圈缩小，延伸权威发挥的作用也在减弱，为使企业经营不至于陷入混乱，借用职位权威、专家权威等维持正常经营秩序是必然的选择。

职位权威维持正常生产经营秩序。让职位、职权真正发挥管理作用，不再是单纯传达执行创始人个人决策的摆设，重视职位权威在组织机构中的作用，有利于理顺企业的激励机制，调动下属工作的积极性，也有利于创始人集中精力于代际传承战略的实施。发挥专家权威的作用有助于提高企业的决策水平。长久以来，家族企业的智囊中心为创始人，决策主体较为单一且决策压力非常大，但权威信任体系能保障创始人决策的有效执行，正确的决策加上高执行效率成就了家族企业良好的业绩。进入代际传承时期后，囿于权威信任程度下降，正确的决策失去高执行效率也不能达到预期的效果。终将退出企业经营倒逼创始人思考家族企业的决策机制，因而引入各类技术、专业人才或者借助外脑发挥专家权威是进入代际传承时期后比较常见的现象。

综上所述，代际传承是家族企业的特殊时期，这一时期集中了利他行为异化的矛盾、创始人专用性资产流失及核心关系圈缩小等一系列家族内部激烈的动荡因素，这一时期的家族企业酝酿着巨大的改变，权威信任的根基动摇。越来越多的学者认为，家族企业代际传承失败最重要的原因是他们缺少能提升应对传承考验能力的治理机制（Eddleston et al., 2010），而 Bodolica 等（2015）进一步认为，公司文化等影响着有利于代际传承的管理决策的形成。代际传承时期也是创始人与继任者的共同经营阶段，不论有没有成文的代际传承计划，创始人总是重视代际传承过程中的每一个环节，尤其是左右企业发展的内部治理机制，创始人经营阶段的权威信任基础动摇也意味着新的信任基础将诞生，从根本上说，家族企业治理机制的演变是由代际传承推动、创始人和接班人主导的一场内部治理机制改革。

第三节　代际传承实施期：规则信任的关系治理机制渐为主导

子女正式入主高层应视为代际传承进入所谓"帮三年"的实施期，当接班人担任高层管理者时，未来几年有可能实现权力正式交接，代际传承进入倒计时的关键期。代际传承关键期一般为一个至两个任期，着重培养接班人驾驭全局的管理能力，为权杖正式交接做最后准备。接班人拥有更多管理权有利于推行新的管理思想，如果说代际传承初期基于权威信任关系治理机制变革的主导者为创始人，那么代际传承关键期以规则信任体系关系治理机制作为主导的主要推动者为接班人。

第四章 代际传承时期公司治理理论研究：关系治理机制的演进

一 关系治理机制的变革

任何一种治理机制都是与企业发展相适应的，基于权威信任的关系治理描述的是创始人经营阶段家族企业治理精髓，代际传承初期权威信任的约束力逐渐下降，"情感性关系—权威信任—约束—治理"这条线出现裂缝，依靠权威信任体系不再能顺利实现治理目标，家族企业关系治理机制将随代际传承时期的到来发生改变。

（一）关系治理机制变革必然性

家族企业治理机制的有效性内生于治理环境。治理环境包括社会的政治制度、经济制度、法律制度等国家层面的因素，还包括发展阶段、行业竞争、领导人风格等企业层面因素。更进一步说，国家层面的治理环境主要与通用公司治理相联系，由国家执行，一般具有强制性；而企业层面的治理环境与剩余公司治理相联系，由治理参与人执行，一般具有准强制性。治理环境的改变影响原有公司治理机制的有效性，推动公司治理机制的改革。我们关注的是企业层面治理环境改变带来的剩余公司治理机制变迁。代际传承时期是家族企业发展的新阶段，与非家族企业不同，更换领导人是家族企业遇到的重大考验。创始人即将退出经营意味着利益相关者关系网的重组，家族企业赖以生存的小环境蕴藏着潜在变化，内部治理机制的变迁具有外部必然性。

青木昌彦指出，"制度变迁可以理解为从一种均衡（序列）到另一种均衡（序列）的移动过程，其中伴随着参与人行动决策规则和他们对于制度共同认知表征（信念）的系统性变化"，参与人是制度变迁的推动力量。[①] 公司治理结构是公司组织域内控制利益相关者相

[①] 青木昌彦认为有两种实现均衡变化的方式：第一种是参与人从既定行动集合中以分散化方式尝试新策略自发产生均衡变化。第二种是以集体方式涉及法规或引入某种拥有全新的行动决策集合的新型参与人引发均衡变化。青木昌彦：《比较制度分析》，上海远东出版社 2001 年版，第 238 页。

机行动决策的自我实施规则。具体到家族企业，创始人与接班人作为控制利益相关者，推动着治理机制的改革。创始人与接班人为什么会推动治理机制变革？第一，延续家族控制的欲望。只有传承成功，控制家族才能实现对企业的长久控制。为了适应传承需要调整企业治理机制非常必要。第二，原有治理机制的束缚。依赖情感性关系的优势得到限制。创始人一代渐渐老去，子女一代大都为独生子女，最近一次人口普查显示中国内地核心家庭平均人员数已下降至 3.1 人，血缘关系人减少，同样地，亲缘关系圈也缩小，这迫使创始人和接班人更深入地思考如何引入、发挥职业经理人才能等问题。既然外部环境改变要求治理机制变革，内部又有推动变革的强大力量，家族企业治理机制变革不可避免，并且家族企业治理机制变革也存在路径依赖特性。[①]

（二）关系治理机制变革方向

基于权威信任的关系治理机制牵制着家族企业代际传承时期治理机制变革方向。大规模的制度变迁具有复杂性和结果的不可预知性，青木昌彦也将制度演进的特征概括为"路径依赖和创新"，家族企业治理机制变革是现行制度安排的变更或调整，它属于由创始人和接班人自发倡导、组织和实行的诱致性制度变迁，呈现以下几个特征。

1. 关系治理的基本框架不变。家族控制且所有者与经营者都为家族成员，故关系治理的目标与基本框架不会改变。控制家族认为家族企业首先是家族的，其次才是社会的。尽管创始人子女看待家族企业的观念与创始人有所不同，但家族使命感、荣誉感等家族精神是一脉相承的，实现家族目标尤其是非财务目标、守护家族产业仍是多数

---

① 诺斯认为，"资本存量的变化通过许多途径来诱导制度的变迁……知识存量的累积也对制度的变迁起了潜移默化的作用……结构变迁一词指制度创立、变更及随着时间变化而被打破的方式"。他通过对西方经济发展史的考察，揭示了经济史演进中的路径依赖，"今天的选择受制于历史形成的既往路径"被人们广泛用来作为解析技术创新和制度变迁演进规律与变化趋势的重要理论工具。诺斯：《经济史中的结构与变迁》，上海人民出版社 1994 年版，第 232 页。

第四章 代际传承时期公司治理理论研究：关系治理机制的演进

子女接班的初衷。创始人子女也身处家族关系之中，以创始人子女为中心的血缘、亲缘及地缘、业缘等关系不会随代际传承而完全消失。依据"路径依赖与创新"演进特征的描述，代际传承时期的治理机制演进将是一个连续的、渐进的过程，不可能一下打破关系治理的框架，从关系治理直接过渡到另一种治理模式，因为代际传承并没有改变依赖"关系"实现治理目标的出发点。

2. 工具性关系扮演更多角色。与创始人经营时期不同，工具性关系在实现治理目标过程中扮演着越来越重要的角色。创始人与接班人共同经营阶段是过渡时期，接班人与共同创始人等老一辈员工因辈分不同难以建立与创始人等同的情感性关系，教育背景与成长环境影响接班人管理思想，接班人与政府、银行、供应商等利益相关者更希望保持正常的关系。接班人更倾向于建立工具性关系按市场规则出牌。与情感性关系不同，工具性关系适应公平法则。[①] 工具性关系逐渐取得这一时期家族企业各类关系中的主要地位，代际传承关键期处理企业各项事务时也尽量剔除人情因素，以利于代际传承后新改革举措的推行。

3. 认知性信任超越情感性信任。由于工具性关系地位上升，接班人与下属之间的双向信任更多地表现为认知性信任。依据公平法则建立合同关系，通过一次或数次利益合作完成双方信任的建立，这样的过程与情感性信任完全不同。接班人无法完全继承创始人起步时多种情感性关系网，也无法完全继承创始人打拼数十年积累的认知性信任。尽管认知性信任的积累需要时间，通过长期合作发现可信任的下属，同时也是通过长期合作获得下属的信任，接班人建立认知性信任的趋势仍不可避免。

关系种类、信任源头等关键问题决定着治理机制变革的方向。情

[①] 工具性关系基本上是不稳定的，针对工具性关系中国人的交往所遵循的法则是讲究童叟无欺的公平法则。黄光国：《人情与面子——中国人的权力游戏》，中国人民大学出版社2010年版，第9页。

感性关系让位于工具性关系、情感性信任让位于认知性信任是家族企业进入代际传承关键期关系治理机制的两个明显特征，家族企业关系治理机制变革也将以此为出发点。

二 规则信任的深入

治理机制变革是为满足代际传承需要而做出的重要调整。首要的问题是权威信任体系逐渐缺失阻断了原有治理机制的信任传递，治理机制的调整需要找到新的信任主导。

（一）规则概述

规则是所有参与人共同遵守的规范和条例的总称。不具有强制性的规则如惯例、道德规则等，惯例虽没有法律上的明确规定，但它通过自我约束实现执行效力。哈耶克（1960）认为，"我们文明社会中的成员都遵循一些并非有意构建的行为模式，从而在他们的行动中表现出了某些常规性，这种行动的常规性并不是命令或强制的结果，而是牢固确定的习惯和传统所导致的结果"。人们往往自愿遵守这种通常的做法。道德规则依靠社会舆论和自身信念来维持，一般以善与恶、正义与非正义、诚实与虚伪等道德概念来调节人们的行为。道德规则并不是理性的产物，但却是理性据以发展的一个先决条件。

具有强制性的规则有公司规则、行业规则乃至法律规则。这里的公司规则主要指公司的治理安排，它实质是一种自我实施规则（青木昌彦，2001），这种自我实施机制的核心是管理者在经营业绩不佳的情况下对其他参与人可能的策略反映的预期，这种预期对管理者和其他参与人的行为形成指导。行业规则和法律规则是企业经营的大环境，其预先的规定尤其规范着管理者的行为。

规则使行为后果具有可预知性，容易产生信任。代际传承是家族企业创始人经营转由接班人经营的转型时期，从这个角度说，转型的内部不确定性增加可能导致信任度的不同程度下降（朱力，2006），解决的办法是建立一套适应转型期特点的规则体系，遵守并执行规则，建立起有规可循的秩序能促使信任的产生。

（二）规则信任概述

人们信任规则是理性判断的结果。强制性规则具有威慑力，非强制性规则具有指引作用，一般而言，没有人愿意首先破坏规则，博弈论认为规则是所有参与者在相互合作博弈过程中所达成的某种特殊均衡，没有人能够通过单方面的行为背离使自己获利。代际传承关键期的规则能清晰勾勒出公司治理机制的新安排，是创始人与接班人定调企业未来发展的集中反映。

信任规则的前提是规则良好的执行。创始人经营阶段偏重于人治。创始人经营时期是以权威信任为基础的关系治理阶段，创始人权威成为协调、解决各种矛盾和问题的法宝，这一时期基于权威信任的关系治理机制发挥了不可忽视的作用。家族企业进入代际传承时期一般需要经历近20年的打拼，此时的家族企业在行业竞争中已站稳脚跟，形成了自身独特的竞争力，生产经营也逐步进入成熟期。家族企业的规模日渐扩张，非程序化决策却越来越复杂，内部环境使过分依赖原有绝对权威下的人治思路局限性越来越明显，加之家族企业进入代际传承时期后权威信任逐渐减弱，若没有新信任体系主导，企业就要面临信任真空的风险，这也正是代际传承高失败率的原因之一。也就是说，创始人经营阶段不是不存在规则及规则信任，而是由于规则执行常出现偏差，因此规则信任度较低甚至一些规则形同虚设，尽管代际传承没有彻底改变人治的初衷，但却在一定范围内加强了规则的执行，规则信任度得以提高。

明确的规则有助于终结无序的状态，规则信任是家族企业推进代际传承的必然选择。家族企业常与非正式管理相联系，家族企业运转常被认为是无规则的、不正规的、随意化的，这些表明家族企业内部规则作用的缺失。家族企业若要代际持续，仅仅靠创始人个人或者接班人个人的权威无法实现，建立适合的内部规则体系，利用规则体系指引企业员工的行为，这些规则可以是具有强制性的企业制度等，也可以是不具有强制性的员工道德规范等，规则信任一旦运转起来，便可带来较高的信任度，形成良好的凝聚力。

（三）规则信任与关系

规则适合于处理工具性关系。子女并不能立即成为家族企业情感关系网的中心，依靠亲情、友情等情感方式管理工具性关系不合适，子女即将替代创始人位置间接强化了家族企业内部的工具性关系。工具性关系维持不过是以这种关系作为获得其他目标的一种手段，针对工具性关系中国人的交往所遵循的法则是公平法则，当个人以公平法则和他人交往时，双方都会根据一定的比较水准来衡量：自己可以从对方获得多少报酬，为了获得这些报酬，自己必须付出多少代价。规则恰恰提供了一种客观的标准，因此最适合处理工具性关系，工具性关系参与人可依据客观的规则做出对自己较为有利的决策，规则信任由此起到指导、协调等促成合作的作用。

需要指出的是，工具性关系并不排斥情感成分，由于其分量甚微，基本上在双方起初的合作中不起任何作用，但工具性关系双方在规则信任的基础上多次合作之后，彼此深入的了解又是情感性关系的主要来源，也就是说，工具性关系透过规则信任下的合作，有转化为情感性关系的可能，这成就了中国内地家族企业的关系治理模式，即使跨入接班人独立经营阶段也不例外。总之，规则信任能产生较高的凝聚力，从企业管理角度来说，它是过渡时期治理无序的良药，对于接班人而言，它为接班人这张新面孔树立威信提供客观的评价体系。从长远角度看，它是家族企业实现持久发展的必然选择。

三 基于规则信任的关系治理机制

之所以规则信任体系能成为代际传承转型时期治理机制调整的方向，是由于规则信任体系也可发挥治理效力，但它的作用方式较权威信任体系有所不同。由权威信任体系主导向规则信任体系主导的转变是家族为代际传承做出的企业层面计划。

第四章 代际传承时期公司治理理论研究：关系治理机制的演进

(一) 规则信任体系

如果说权威信任体系是"自里而外"的，规则信任体系则是"自上而下"的。规则信任体系是围绕规则形成的自上而下的信任网络。

如前文所述，规则可分为具有强制性或准强制性的正式规则以及不具有强制性的非正式规则。在家族企业中，正式规则又可自上而下分为公司规则、部门规则、班组规则以及具体到个人的岗位规则，非正式规则即指企业营造的道德文化导向。从图4-3看，企业设置大到公司层面、小到具体岗位层面的四重规则体系，公司规则是从家族利益、组织利益角度拟定的公司与其他组织、内部部门与部门之间关系的条例，部门规则是在公司规则框架下的部门内部事务处理条例，以此类推，公司目标依靠公司规则一层一层往下分解，最终得以贯彻实施，而最基层的员工依赖按规则做事使个人利益得以满足。除此之外，图4-3中斜线即指企业道德文化导向，嵌在正式规则中显示出它的存在。破坏规则的事将受到惩罚，因此无论是新进员工还是老员工都受制于该规则体系。领导人"自上而下"对规则的依赖以及员工"自下而上"对规则的依赖构成了企业的规则信任体系，遵照规则办事、依据规则分配利益，是规则信任体系的核心。

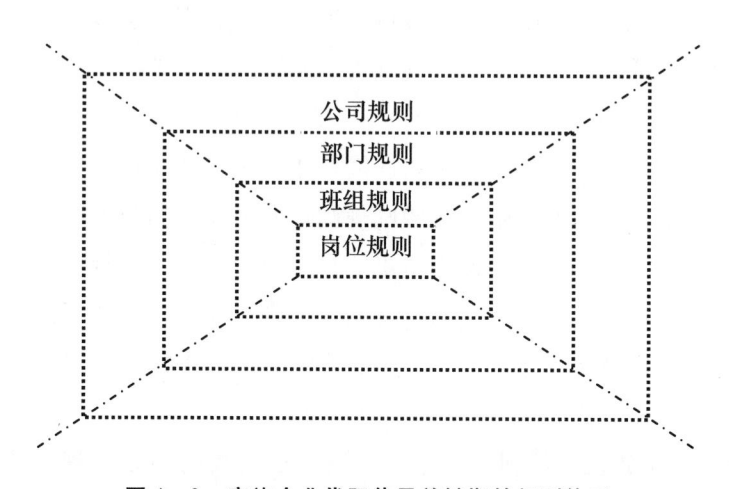

图4-3 家族企业代际传承关键期的规则体系

(二) 规则信任体系的作用

规则信任体系有助于引入科学的管理模式，进而对原有机制的路径进行调整。是"情感性关系—权威信任—约束—治理"这条路径出现了问题，因此才试图改变治理路径。一个很明显的预期是接班人引入先进的管理模式应通过规则潜移默化，而不同于创始人经营阶段的依靠权威强力推行，接班人不能完全继承创始人独有的权威，此时家族企业的规则信任体系便起到一定的助推作用，能够帮助接班人较平稳地实现改革。另外，前期过分依赖创始人个人权威的机制风险较大，规则信任体系能帮助企业矫正对创始人过分地依赖，进行更科学的管理。

规则信任体系有助于实现监管。即将到来的接班人在独立经营阶段失去了依赖情感、权威等工具进行监管的土壤，尽管利用这些工具进行监管的成本很低。规则可以实现监管的目的，规则明确了人与人之间、岗位与岗位之间的利益关系，对参与人起到制约作用，规则就参与人做什么、怎么做及利益如何分配或损失如何承担等做了详细约定，规则指导着参与人的行为。比如公司与部门之间利益分配规则（实则是接班人与各部门负责人之间的规则）中明确部门职责、工作流程、奖惩办法等，这些都是对部门（部门负责人）监管的表现。在情感、权威缺失的情况下，规则工具能够起到有效作用，恰当的规则能降低员工的道德风险。

规则信任体系有助于引进和选拔人才。明确的岗位规则为员工的职业发展提供了指引，恰当的激励规则提升了具体岗位的吸引力，而晋升规则的公平实施更能激发员工的努力程度。员工在规则信任体系中将自己的价值与公司的价值高度统一起来，规则信任体系改变了创始人经营时期选拔人才的标准，为有竞争力的员工搭建平台。

（三）基于规则信任的关系治理特征

1. 强调放权。不同于创始人经营时期集权的关系治理，基于规则信任的关系治理讲究放权。在权责利划分清楚的基础上，下放权力而不是集中权力。权力集中不利于规则客观地发挥作用,权力配置思路大调整是建立规则信任体系的前提。放权不仅要求包括决策权、奖惩权等系列管理权下放,还要求稀释股权。只有控制家族手中权力减少,规则信任才能更多更好地渗入企业管理秩序维护中,发挥其作用。

2. 强调按部就班。不同于创始人经营时期跳跃甚至有些随意的关系治理,基于规则信任的关系治理机制更追求按部就班的平稳节奏。冒进的行动在创始人经营时期非常普遍,甚至正因如此,家族企业才得以能发展到代际传承的阶段,但毕竟代际传承本身蕴含着巨大风险,此时的家族企业应调整步伐消除不必要的风险。规则具有中规中矩的特征,它为员工行为提供指引并不随员工的意志而改变,基于规则信任的关系治理机制借助了规则这一特征,稳固了家族企业行进的步子,为顺利实现权杖交接提供保障。

3. 强调公平性。不同于创始人经营时期人为因素干扰过多的关系治理,基于规则信任的关系治理机制更强调公平性。创始人绝对的权威容易导致创始人意志干扰企业事务的现象,比如雇用具有血缘关系的人就任高级管理人员而不是依据其能力,规则信任体系下的关系治理机制尽管也强调关系的重要性,但并不意味着具有血缘关系的人一定可以就任高级管理人员,遵守选拔规则、遵守奖惩规则才是最终标准,能力成为守护职位的重要依据。

4. 仍遵循"关系—信任—约束—治理"的路径。如果说基于权威信任的关系治理机制更多依赖"情感性关系—权威信任—约束—治理"路径的话,基于规则信任的关系治理机制则更多依赖"工具性关系—规则信任—约束—治理"或"工具性关系—规则信任—情感性关系—权威信任—约束—治理"两条路径,由此可见,基于规则信任的关系治理机制张力更大、适应力更强。

四 代际传承时期关系治理机制演进

关系治理机制演进是家族企业代际传承时期治理的特征,这一长达3—8年的演进过程伴随着较大规模的变革。基于权威信任的关系治理机制向基于规则信任的关系治理机制转变的过程，首先需要面对的是集权问题。创始人经营时期控制权高度集中在创始人及其家族手中，创始人权威、家族权威远远高过规则，集中的控制权与创始人海纳百川的态度相违背，规则信任没有建立的土壤。还需要面对如何遵循规律订立规则问题。规则不是创始人或接班人的主观臆想，而是市场规律在家族企业的内化。

（一）股权分散：规则信任的基础

在绝对集中的股权下，市场竞争规则较难发挥作用。股权集中度相对较弱，可降低控制家族在企业的话语权，有些家族企业甚至引入机构投资者，以激发家族企业内部的市场规则意识。管理权集中亦是如此，过多的管理权集中于控制家族成员手中，规则难以推行。管理权分散即是控制家族向非家族成员让出部分决策权、奖惩权，表现为引入职业经理、提拔非家族成员就任中高层管理人员以及安排非家族成员进入董事会等。将管理权更多地赋予非家族人员，集思广益，提供规则自由发挥作用的空间。

（二）遵循规律：规则信任的依据

一般规律是企业规则的生命源泉，不符合规律的规则注定要被淘汰。控制家族建立企业规则时，尊重规律非常重要。规律包括自然规律、市场规律、经济规律及社会规律等，这些规律是家族企业生存的大环境，而企业规则是这些规律的内化表现。比如尊重市场中的竞争规律，企业规则也将引入体现优胜劣汰的思想，建立更具市场竞争力的薪资体系等，再比如尊重社会发展规律，利于企业树立恰当的道德导向等。遵循规律的规则才能得到企业上下一致的认同，才能增加规则的可操作性，进而产生坚固的规则信任体系。

代际传承是家族企业一次新生机会，是风险也是机遇，它督促家族企业在不断发展的脚步中重新审视自我，它也提醒家族企业创始人尤其是接班人更深层次思考企业未来的去向及时下的任务。代际传承关键期记录了家族企业由创始人经营时期"基于权威信任的关系治理机制"向接班人经营时期"基于规则信任的关系治理机制"演变的过程，展现了家族企业生存、发展、蜕变的艰难历程，表达了家族企业自我革命、谋求可持续发展的决心，反映了中国本土家族企业代际传承这一特殊时期创始人和接班人对家族企业的判断与定位。"关系治理"是家族企业在本土环境下赖以生存的治理机制，不论是基于权威信任体系，还是基于规则信任体系，治理的工具仍为"关系"，治理的目的也都是实现控制家族的非财务目标及财务目标。

第四节 本章小结

我们在中国特殊的社会文化基础上，结合中国人的社会价值观取向，分析了本土家族企业关系治理机制，突出了血缘、姻缘及地缘、业缘等关系为家族企业做出的贡献，回答了诸如关系如何实现治理、关系如何取得治理效率等问题，提出代际传承期间（3—8年）家族企业基于权威信任关系治理机制向基于规则信任关系治理机制的演进理论，也进一步指出了关系治理机制随代际传承演进的原因及路径。

关系强调情感，但关系也含有工具性成分。做关系讲求的是拉近情感距离，因此很多时候人们只看到了关系的情感性成分带来的收益，而忽略了关系的工具性成分带来的收益，反之，人们较关注关系的工具性成分带来的损失，却往往忽视了关系的情感性成分带来的损失。关系治理就是这样一种机制——在关系的情感性成分和工具性成分间不断调整寻找平衡。

关系在家族企业治理中扮演重要角色，但关系治理并不等同于非正式治理。关系治理在中国本土家族企业生根发芽，而且成为家族企业与非家族企业竞争的有力武器。"关系"并不等同于"非正式"，关系治理也不等同于非正式治理，关系治理中也存在正式的合同、规章约束。

关系治理呈现较强的异质性，与创始人风格有关。关系治理机制随家族企业的诞生而产生，诞生于血缘、姻缘及地缘、业缘关系网中的家族企业治理必然与关系紧密相联。创始人是关系脉络的中心，亦是关系治理的主导者，创始人怎么衡量关系、怎么判定关系以及怎么处理关系，将直接影响着关系治理机制的运行。

关系治理演进服务于代际传承。任何一种治理机制都要服从于企业战略，关系治理也不例外。关系治理随家族企业战略重心转移适当调整才能保持生命力。创始人经营时期即将结束，许多早期成立的家族企业即将翻开接班人的篇章。为了能顺利进行传承，创始人不仅应考虑接班人的挑选、培训，更要从企业层面考虑如何设计治理机制才能适应代际传承的需要。

新治理机制确立与家族企业代际传承环境有密切关系。中国人成大事均归结为"天时、地利、人和"，即"恰当的传承时机、有利的竞争地位、适合的治理机制"；而古语又有"天时不如地利，地利不如人和"，可见重中之重仍为"适合的治理机制"。关系治理机制演进值得每一个进入代际传承时期的家族企业认真审视与思考。控制家族为了能顺利进行传承，不仅应考虑接班人的挑选、培训，更要从企业层面考虑如何设计治理机制才能适应代际传承的需要，而治理机制演进中的财务安排具有相当重要的地位。

第五章 关系治理机制演进下的财务安排

第一节 财务安排是公司治理的重要内容

财务是公司治理的核心问题。尽管家族企业的治理机制、治理目标等均不同于非家族企业，但财务服务于公司治理的目标并不改变。家族企业关系治理机制演进需财务的配合与支持。

与国外家族企业不同，中国家族企业盈余质量相对较差，权杖交接时期的财务安排很重要。尽管西方主流研究认为创始家族所有权结构对会计报表透明度（Wang，2006）、自愿披露（Ali et al.，2007）以及以会计盈余为基础的高管薪酬（Chen and Yuan，2004）等方面的作用是肯定的，他们认为家族企业倾向于提供更高质量的财务报表，并且对于坏消息的披露也比非家族企业频繁。但 Ding 等（2011）针对中国内地家族企业的检验证明，家族上市公司财务信息质量较低并且雇用非稳健的会计人员，会计利润与非家族企业相比也表现为更大的随意性波动，同时家族上市公司均伴随着较低的盈余质量。代际传承时期关系治理机制的演进意味着财务环境将发生较大变化，创始人经营时期的财务面临调整。

与非家族企业的最高管理者更替不同，家族企业的继任者是指定而非选定,需要更为全面的财务安排。"接力传承"是非家族企业中普遍存在的 CEO 更替方式,即在更替之前若干年开始选拔继任者,指定继任者与在任 CEO 共同工作一段时间直至更替完成(Vancil,1987),接力传承即事前安排的实践体现。在 CEO 更替的四年前,41% 的非家族企业已经选出继任者,研究证明"接力传承"能缓和消除部分冲击充当计划的角色,比如 CEO 更替后的盈余管理增加、研发投资的减少等效应相对减弱(Naveen,2006)。由于家族企业缺少管理者选择池,传承存在一定的局限,权杖交接比非家族企业更需要全方位的接力配合。由此家族企业更应注重事前安排以避免由于继任者选择局限而带来的影响。

与国有企业面临的环境不同,家族企业的生存环境较为严苛,交接班时期的财务安排尤为必要。尽管中央和地方促进民营企业发展的政策不断出台,但作为民营经济主体的家族企业竞争环境改善不大,行业限制、融资歧视以及人力资本缺乏等一直是困扰家族企业发展的主要问题。关系网的中心指向创始人,关系网是家族企业赖以生存的环境,家族企业的成长壮大依赖家族的关系网。创始人与政府的关系、创始人与银行的关系、创始人与员工的关系、创始人与家族成员间的关系等左右着家族企业的命运。财务作为组织成功的保障因素,尤其是在交接班时期,创始人应考虑领导人变更可能带来的关系网变化,应考虑如何适应关系治理机制演进过程,并进行适当的事前财务安排。

家族企业代际传承号角无法停止,创始人注定要离开。Per-Olof 和 Lars-Goran(2014)调查了 143 家瑞典正在进行代际传承的家族企业,结果显示亲密的家族成员股东、共同创始人,甚至供应商和客户对于传承过程都有影响。如何设计一项制度,使其在创始人离任后,仍能为接班人保驾护航是创始人最为关心的问题。综上,实践中家族企业需要面对代际传承带来的财务环境改变,若不注意事前财务安排问题,代际传承的进程将更为艰难。代际传承是家族企业关系治理机制演进的关键时期,这一时期的财务安排应当引起充分的重视。然而,至今对家族企业代际传承前的财务安排研究关注仍较少。

第二节 关系治理机制演进与财务环境变化

一 家族企业的财务环境

与政府的关系构成家族企业的财务环境。调查显示41%的中国家族企业创始人拥有强有力的政治关系(Xu et al.,2015),企业的政治行为和政治战略对企业的竞争优势和生存发展有着非常重要的影响,对民营企业发展的影响又有着更特别的意义。改革开放至今是政府调整与市场、与企业关系的过程,即政府与企业的关系向适应市场经济体制调整的过程。一般来说,国有企业可以得到政府保护,而由于过去长期的政治和意识形态上的歧视等原因,民营企业生存和发展在很大程度上受到政治因素及其与当地政府关系的影响。对民营企业家来说,采取一定的政治战略处理与政府的关系,可以规避一些风险,同时还有可能获得有用的信息、攫取稀缺的资源、争取风险小获利大的生产项目,从而在越来越激烈的竞争中扬长避短,立于不败之地(罗党论、黄琼宇,2008)。

具体而言,在民营企业发展的早期阶段,政府的扶植、保护、介入,形成了中国市场经济发展的主导特色,处理好与政府的关系已经成为民企初期发展潜规则,政商关系有助于企业在政府庇护下短时间内取得"超市场"效应。在民营上市公司中控制人和董事会成员中具有政治背景的情况越来越普遍。罗党论、黄琼宇(2008)研究认为无论是采用托宾Q还是买入并持有超额回报来衡量企业价值,民营企业的政治关系对企业价值都有显著的正面影响,有政治关系的民营企业价值更高,政治联系作为一种资源,有助于企业从政府得到优惠或特权,这对先天处于市场竞争不利地位的民营企业来说尤为重要(杜颖洁、杜兴强,2013)。显然,与政府的关系构成了家族企业重要的财务环境，占据有利的政治地位可以抵御不利制度环境感知对代际传承的影响（何轩等，2014）。

　　与银行的关系构成家族企业的财务环境。研究表明，银企关系可以给企业融资带来便利（Petersen and Rajan，1994）。财务比率或抵押率属于企业的"硬信息"，其特点在于信息的相对客观性，可量化、可验证且容易取得，但同时银行还会注意搜集大量的私有信息，不断积累难量化、难查证、难传递的"软信息"，诸如企业信誉和业主个人品行的信息等，以便进行"关系借贷"决策（Berger and Udell，2002）。"关系借贷"是解决信贷市场上"信息不对称"的一条重要途径，银行与企业通过长期密切的联系来沟通信息，进行双向交流，形成了特殊的"关系"，可能给企业带来诸如促成贷款、控制潜在冲突等价值（Boot，2000）。例如，民营上市公司的长期借款与短期借款受银企关系影响，银企关系越强，民营上市公司的长期借款与短期借款规模越大，并且民营上市公司具有的银企关系导致了其显著的更多的短期借款，进一步的数据分析表明银企关系使民营上市公司的短期借款率增加1.67个百分点（杜颖洁、杜兴强，2013）。

　　股东间的关系构成家族企业的财务环境。股东关系影响股东之间的地位、信息、利益构成和势力格局。股东关系是股东之间通过多种形式的契约建立起来的特定性质的联系，是内在于公司股东之间的关系网络（魏明海等，2011），股东关系有产权、亲缘、地缘、战略投资、承销保荐、位于同一地区、属于同一行业、接受同一行业机构管理、长期的商业合作、共同创业守业等多种表现，广泛存在于国有企业和家族企业中。如前文所述，由于中国传统文化的影响，创始人在最初配置股权时遵循"关系差序"的原则，由血缘、姻缘等亲缘关系家族成员推及地缘、业缘等熟人朋友。共同白手起家、一同创业并使企业发展壮大的创业伙伴，也通常会成为存活下来或成功经营的家族或非家族创业企业的共同所有者。显然，这种以关系为基础的股权结构影响着家族企业的股权制衡、公司治理等。

与员工的关系构成家族企业的财务环境。员工关系的信任程度高低、情感成分多少影响家族企业的领导与激励方式。郑伯埙等（2000）的研究表明家长式领导风格普遍存在于华人组织之中，家长式领导与西方领导理论的本质区别在于西方领导理论强调领导与员工之间地位平等、权利义务对等，而家长式领导更加强调上司与下属建立在清楚的上下关系与角色套路的基础之中，强调在一种人治的氛围下，显现出严明的纪律与权威、父亲般的仁慈及道德的廉洁性。这样员工关系强调的不仅是简单的经济交换关系，而且是一种交织着关怀、权威的复杂交换关系，因此非物质激励具有较高的地位，财务利益分配比较主观（刘平青等，2013）。家族企业便是如此，家族企业创始人与员工的关系是家长式领导风格的典型体现。家族企业创立及发展初期，员工关系尤其是共同创始人关系信任基础牢靠，形成了以创始人为家长的员工关系。创始人首先是家族成员的领导，创始人还是非家族成员的领头羊，创始人在员工前拥有绝对的权威，家长式领导下的员工关系影响着家族企业的激励与财务利益分配方式。

二 权威信任治理机制下的财务特征

权威信任是创始人经营阶段关系治理的主要信任形式。在创始人经营阶段，权威信任体系运转是关系治理的内在表现。家族企业的权威体系以创始人权威为中心、延伸创始人权威为辐射，建立企业从最高管理层到基层员工的信任网络，亲缘和业缘的关系是该信任网络的主线。依赖创始人权威的家族控制使家族企业行为决策得以有效聚焦与执行。因此，权威信任治理机制下的财务特征如下。

（一）非财务目标优于财务目标

Gomez-Mejia 等（2007）提出并利用社会情感财富理论对家族企业独特行为进行了解释。Berrone 等（2012）首次将社会情感财富定义为控制家族的非财务目标，包括家族控制和影响力、家族名声和社会地位、家族利他行为实施能力、家族成员亲密的情感氛围以及家族与企业关系的永续等方面内容,控制家族尤其强调社会情感财富。

家族企业所有者决策不受单一财务目标的驱使,非财务目标常优于财务目标。比起追求未来财富最大化,家族企业更关注现有财富损失的最小化(Wiseman and Gomez-Mejia,1998)。当决策方案威胁控制家族的社会情感财富时,控制家族倾向于拒绝该方案。为保护家族社会情感财富,控制家族将企业财务业绩好坏置之度外,总是直接或间接地控制影响家族企业经营,如家族企业通常在董事会安排与家族密切相关的董事,即使这样会限制董事会监督和提供独立建议的能力。同样地,控制家族会让家族成员加入高层管理团队,尽管这种行为可能会降低公司绩效(Cruz et al.,2010)。

保护家族社会情感财富会让家族企业面临较大的财务风险。对企业来说,相对单一化经营意味着较大风险,但家族企业往往不愿意实施较大范围的多元化战略,这是因为多元化经营过程会涉及战略投资者或风险投资者的加入,而非家族成员会降低家族对多元化企业的控制力,削弱决策制定的集中度。Gomez-Mejia 等(2007)以生产橄榄油的家族企业作为研究对象,表明家族企业领导人为了保护社会情感财富,家族企业选择不加入合作协会。Kotlar 等(2014)认为家族目标与企业目标是否一致会影响家族企业的战略风险决策。

创始人经营阶段是最强调家族利益、家族色彩最浓厚的时期。创始家族视自己为企业生命的缔造者,极易形成家族利益超越企业利益的观念。这是因为中国是一个"家文化"传统最为悠久和深厚的国家,家族一直是各种关系和活动的中心。[①] 家族利益嵌入企业目标,家族伦理渗入企业经营,创始家族办企业不仅是为赚取财务利润,更是为争取家族的荣耀和地位,以控制家族为中心的非财务目标必将渗

---

① 杨国枢指出"自古以来,传统中国社会的生计经济主要是农业……由于家庭是农业经济生活与社会生活的核心,家庭的保护、延续、和谐及团结自是倍及重要,因而形成了中国人凡事以家为重的家族主义(familism)的想法与做法"。杨国枢:《中国人的心理》,中国人民大学出版社 2012 年版,第 33 页。

透到家族企业决策中，影响家族企业行为，成就家族企业的独特性。

需要指出的是，非财务目标的重要程度还受其他因素影响。第一个因素是年龄，与年轻的控制家族成员相比，年长者倾向于表现出更强烈的保护社会情感财富欲望，有研究认为若有后代可以接班的话，年纪越长则越重视保护社会情感财富，但是如果没有合适的接班人，年龄则与重视保护社会情感财富的程度呈反比关系。第二个因素是性别，研究表明女性与男性对待同一事物的看法不尽相同，控制家族女性成员更关注感情而不是功利，与男性更关注财务成果目标相比，女性成员表现出更高的社会情感财富的追求。第三个因素是文化，与强调个人主义的文化相比，集体主义的文化主导下的控制家族有更高的社会情感财富追求，因为家族本就是一个集体，亚洲尤其是中国的控制家族十分强调社会情感财富目标。第四个因素是市场流动性，若控制家族的所有权在资本市场有明确标价，具备交易条件，则意味着较低的社会情感财富水平，显然从这个角度上说未上市企业的控制家族拥有更高的社会情感财富。

(二) 控制权高度集中

创始人权威及其信任体系的形成与控制紧密关联。在中小企业的研究中，关于控制权的获取研究基本上可以分为三类：第一种是企业创立的模式，是研究者和政策制定者经常关注的，即从无到有自己创立的公司 (Begley and Boyd, 1987)；第二种模式是通过代际传承获得的 (Le Breton-Miller and Miller, 2008)；第三种模式是通过收购所有权获得的。获取控制权的方式不同，影响着所有者对企业的管理态度、竞争态度及公司业绩 (Westhead et al., 2005)。创始人通常拥有更高的创新和提高效益的欲望，创始人在机会竞争和组织竞争中表现得优于继任者和兼并者 (Man and Lau, 2000)。中国家族上市公司控制权取得途径主要包括直接上市、股权受让、管理层收购三种方式，不同的取得途径决定了控股股东对上市公司"态度"的不同 (许永斌，2008)。在组织层面，不同获取控制权的方式可带来不同的战略行为，比如创立比并购得来控制权的企业销售增长率高。如果是在企业创立时就取得了控制权，那权威信任治理机制更容易建立。

绝大多数家族通过创立企业获取控制权，因而中国内地家族企业控制权呈现高度集中的特征，家族往往集所有权控制和经营权控制于一身，控制家族既是股东又是经理人。有的家族企业虽然外聘CEO等关键岗位，但仍坚持保留所有权控制。一旦家族失去对企业的控制，控制家族的意志对企业不再起主导作用，创始人权威难以形成。从某种意义上讲，保护好控制权是家族的首要任务。2010年民营上市公司的第一大股东持股比例均值约为32.01%，即作为第一大股东的家族平均控制着上市公司近三分之一的股权，而2010年中国家族上市公司正式传承率不足5%，绝大多数家族企业仍处于创始人经营时期，意味着创始人对企业具有绝对的权威。

家族的社会情感财富目标依赖于集中的控制权。第一，家族对企业决策权的控制来自所有权，它是所有权天然赋予的权利，家族的控制是社会情感财富的根基，集中的控制权利于形成创始人权威及其信任体系。第二，家族社会影响力由家族对企业的控制延伸而来，一般地说，随着企业的实力不断增强，知名度不断提高，作为企业的控制家族社会地位也得以提升，社会影响力会逐渐增加。第三，家族企业中的控制家族有权选出董事，这常使得董事会中家族成员的数量超过其所有权对应的比例。由于有权利在董事会占有大部分席位，家族可以控制公司管理、战略方向和任何一项需要投票解决的议题（Villalonga and Amit, 2008），使其朝着利于家族目标的方向进行。虽然非家族企业控制股东也有决策控制权带来的权威感，但Block（2011）认为，其强度、持久度及紧密度无法与家族企业的相比。

（三）关系网作用巨大

关系网络为家族企业在创立及发展初期提供了大量的资源。利用关系网有助于迅速锁定那些共享家族文化与价值观的候选人，也能够降低雇佣双方之间的信息不对称程度，并确保个人与组织价值观（即家族价值观的反映）之间更好的匹配（Cruz et al., 2010），降低组织运行成本。家族企业的创立与发展初期常出现以亲缘、业缘、地缘关系为依据安排职位现象，利用家族关系建立创始人权威信任，保障权威信任机制的正常运转。关系用人形成一批忠诚的员工，员工因关系的存在而产生心理的归属感，具备忠诚品质及归属感使得家族企业保持了较高的员工满意度，关系用人起到不可忽视的凝聚作用，关系用人为创始人经营时期最显著的特征，也因此影响了这一时期的财务特征。关系人占据财务高管职位，使得追求家族的非财务目标更为容易，关系用人直接导致会计信息的不透明以及盈余管理等财务行为的发生，使得这一时期家族企业财务报表信息质量处于较低水平。

在资金支持方面，利用关系网融资有助于提高融资的成功率、降低融资的风险。出于保持企业家族控制等方面的考虑，家族企业主尤其是第一代创业者具有明显的内部融资偏好。Romano 等（2000）指出内源融资是中小家族企业的主要资金来源，大多数中小家族企业都是依赖内部资金（所有者自有资金、个人贷款、亲友借款、企业留利等）才得以建立和发展。与非家族企业融资不同，亲属融资也是家族企业尤其是创始人经营的初期最重要的一种途径。亲朋好友融资的基础为创始人关系网，家族企业在成立之初规模较小，缺乏信用基础，也缺少高价值财产做抵押，向有关系的人借款是比较有效的方式，也就是关系网中的亲朋好友将成为融资对象。进一步的研究表明偏重家族利益的企业与亲属融资规模成正比（周立新、陈凌，2009），这说明创始人经营时期，利用关系网进行亲属融资是融资的重要方式之一。

另外，向银行等金融机构的融资也依赖创始人关系网。家族企业会计信息质量低、透明性差等特征增大了信息不对称成本，关系借贷建立在银行与创始人长期关系的基础上，随着合作次数的增加，银行对家族企业了解加深，在一定程度上降低了交易成本，增加了合作共赢的可能性。创始人经营时期家族企业债务融资依赖关系借贷方式。

正如 Romano 等（2000）指出的，由于具有强烈的控制权偏好和风险规避倾向，家族企业的外部资金一般也是通过私人关系而不是公开市场获得的。然而，关系借贷对家族企业而言却是一把双刃剑。在带来一系列好处的同时可导致贷款成本上升，家族企业除了支付贷款合同成本还要付出一定的关系成本。

（四）财务风险高

权威信任治理机制运转伴随较高的财务风险。实践中创始人经营时期控制权配置倾向于高度集中于家族内部，这样创始人决策得以及时、有力地执行。但股权越集中，企业风险就越大（Demsetz and Lehn，1985），创始人拥有绝对的权威不利于科学决策机制的建立，一旦做出错误决策将使家族企业陷于困境。另外，为了在市场竞争中迅速站稳脚跟，家族企业在新创阶段往往需要大量地进行外部筹资，更多地利用负债以弥补内部积累相对于扩张需要的不足。比起股权融资，家族企业更偏重于选择债务融资（Croci et al.，2011），而债务筹资既能为企业带来财务杠杆效应，又能防止净资产收益率和每股收益的稀释（阎达五、陆正飞，2000），但过多的负债也蕴藏着财务风险隐患。

更关键的是从财务利益关系看，家族企业控制权配置是创始家族成员间财务利益分配的依据，控制权高度集中意味着财务利益分配高度集中。尽管追求家族企业快速成长的财务战略加之两权合一极大降低了第一类代理成本，使得家族企业的经营业绩表现有可能超过非家族企业，但高度集中的控制权使控制家族缺乏监督，创始家族内部利他主义思想又促使其财务利益分配向家族倾斜，因而极易发生损害中小股东利益的第二类代理问题，使公司业绩受损（许永斌、郑金芳，2007）。

显然，权威信任治理下必然伴随相对较高的风险，但在创始人经营时期不同阶段，家族企业的财务风险呈动态变化。家族企业在获得竞争优势后，创始人出于保护社会情感财富的需要迅速调整财务风险水平。即便在创始人经营初期表现为较高的负债水平、较高的投资水平,借助财务杠杆获得发展速度,通过长期投资建立企业的核心竞争力,但是一旦企业有立足之地后,在创始人经营的中后期则可能较快降低负债水平。总之,权威信任机制下的财务风险也表现得较为灵活。

三 规则信任治理机制的新要求

代际传承是延续家族控制的途径。创始人退出企业经营意味着家族企业将部分或全部失去以创始人为中心的关系网,权威信任基础上的关系治理机制将随创始人离开而失去中心,预期的权力交接促使权威信任向规则信任的关系治理机制演进,这将直接影响家族企业进入代际传承实施期后企业财务行为。创始人退出企业经营还意味着利益相关者关系的变化,利益相关者如政府、银行、员工等与创始人间建立的关系较难移植到接班人身上,预期到来的代际传承改变了家族企业的财务环境。

代际传承将接班人推向利益相关者关系的中心,接班人很难完全延续创始人建立的利益相关者关系。接班人面临与政府的关系、与银行的关系、与股东的关系以及与员工间的关系重塑。譬如,接班人将成为股东关系的中心,创始人时期建立维系的原有股东关系,包括与战略投资者、地区关联股东、行政同源股东、行业关联股东等,可能会随创始人退出经营而发生改变。即使从数据上看家族企业的第二大股东至第十大股东持股比例不变,也不意味着其对第一大股东真实的股权制衡力度不变。类似地,员工尤其是共同创始人是否能与接班人延续信任的关系、接班人如何重塑员工关系尚不确定,但接班人不可能完全取代创始人的权威,非家族成员员工关系将向简单的经济交换关系转变,直接影响此时期家族企业的领导与激励方式,物质激励将取代非物质激励占据主要地位,财务利益分配将向客观化、制度化方向转变。

可见，代际传承时期关系治理机制的演进将逐渐淡化创始人权威影响，规则信任将弥补权威信任缺失，成为代际传承转型时期治理机制调整的方向。规则信任体系也可发挥治理效力，但作用方式有所不同。

这首先要求家族企业转换非财务目标视角，从如何积攒转向如何延续。如前文所述，已有研究证明家族企业行为受社会情感财富的引导，具体表现在员工雇佣、财务行为及社会责任等方面。比如家族企业为保护社会情感财富表现出较低的研发支出水平，也会调整企业利润进行盈余管理（Croci et al., 2011）；由于家族名声与企业的声誉联系在一起，家族企业会尽量减少污染水平以树立家族形象（Berrone et al., 2010）等。诚然，社会情感财富的积攒离不开控制权集中，拥有的股份越多家族的社会情感财富就越大。控制权越集中家族权威越高，实施家族利他行为越容易，并且企业发展能提高家族的社会地位，家族因此看重并尽最大努力守护控制权（Burkart et al., 2003）。

尽管保护社会情感财富是家族企业决策的出发点，但我们同时强调保护社会情感财富存在两个视角：积攒和延续。以往研究的出发点主要集中在积攒社会情感财富对企业决策的影响，并且已经发现不少家族为了不损害社会情感财富而将企业置于风险中的证据，更极端的甚至做出使企业财务绩效严重受损的决策，最终家族所要保护的社会情感财富也会随着企业倒闭而消失（Gomez-Mejia et al., 2011）。但已有文献没有过多探讨社会情感财富延续对家族企业行为的影响。

对控制家族而言，不损害社会情感财富固然重要，但企业经营稳健后控制家族更关心社会情感财富的延续。Zellweger等（2012）从控制权转移价格入手分析认为随着代际传承意愿的增加，控制家族出售股权的心理价位也随之上升，购买者需为控制家族失去的社会情感财富买单，说明延续社会情感财富更具价值。然而，社会情感财富延续要求家族企业持续经营。由于个人精力和生命有限，持续经营必然通过代际间传承实现。成功传承使家族企业不会因创始人离去而出售或倒闭。在创始人离开企业后，接班人唯有依赖规则信任产生较高凝聚力。规则是过渡时期治理无序的良药，对于接班人而言，它为接班人这张新面孔树立威信提供客观的评价体系。从长远角度看，规则是家族企业实现持久发展的必然选择，但规则信任的建立与过于集中的控制权格格不入。

总之，创始人即将退出企业经营，接班人又不能完全继承创始人权威及其关系网，权威信任治理机制将失去运转的根基，建立规则信任的治理机制成为必然。财务如何安排才能有利于规则信任治理机制的建立？控制家族必须首先调整非财务目标的视角，社会情感财富目标由积攒转为延续。为延续社会情感财富，控制家族应积极从事利于降低代际传承时期企业财务风险的行为，即使这些行为可能会不利于社会情感财富的积攒。其支持企业快速发展的财务导向将发生改变，转而为如何平稳地进行权杖交接服务，财务特征将呈现较低风险、相对更稳健的倾向，有证据表明，企业事前储备的财务柔性能有效增强其抵御不利冲击的能力（曾爱民等，2013）。

四 财务安排的三个关键

建立规则信任体系是关系治理机制演进的趋势。向市场规则靠近，使治理机制为代际传承前后若干年的稳健经营提供保障。代际传承时期关系治理机制的基础由权威信任转向规则信任，这将在很大程度上影响资源配置的方式。财务安排在家族企业整体治理机制框架下形成，在一定程度上反映着企业内部和外部的制度约束，关系治理机制演进对财务提出新要求，就是指家族企业需要积极调整财务政策做好财务各项安排，以适应代际传承时期的环境变化。事实上许多家族企业由于财务方面原因而传承失败。家族企业在关系治理机制演进过程中的财务安排包括三个关键内容。

（一）控制权的安排。汤谷良（1997）指出企业存在三个层次的财务权力配置，即所有者财务、经营者财务和财务经理财务，而这三个层次的权力配置均指向控制权；伍中信（2005）指出要建立起各利益主体在权力上相互约束、相互制衡的关系，利益的分配是前提。从利益分配角度看，代际传承实则是各利益主体经济利益再分配的过程，控制权的安排具有极为重要的意义。

（二）财务活动安排。代际传承过程必将涉及利益相关者的关系变化，在利益相关者逻辑下考虑财务问题就表现为关注利益相关者关系动态变化背景下的具体财务机制安排，考虑以出资者、债权人、员工、政府等利益相关者为主体的相机治理机制等（张栋、杨淑娥，2005）。创始人维系的利益相关者关系将逐渐交由接班人维系，新的利益相关者关系在家族企业具体财务活动如融资等方面将产生影响，因而在进入代际传承实施期后家族企业的融资政策、投资政策、股利政策、财务信息披露方面等均可能做出新的安排。

（三）财务考评体系设计。行动到目标之间，存在一个重要的步骤——考核，独特的财务考评体系设计对协调家族企业内部矛盾、实现家族企业目标来说意义重大（Madison et al., 2017）。代际传承推动治理机制的演进，而治理机制演进成果又需要考核体系设计予以保护与支持。相较于创始人经营时期"关系"主导下的考核，继任者经营时期"规则"主导下的考核更强调"公平性""竞争性""团队性"，尤其是对家族内部成员、共同创始人的考核，更能凸显"规则"的地位。因此，与代际传承时期治理机制演进相匹配的财务考评体系设计相当重要。

第三节 控制权安排

如前文所述，控制权安排体现的是关系治理机制演进过程中财务安排的"高屋建瓴"。"高屋建瓴"就是要求家族企业在代际传承过程中综观全局，定位于更长时期的财务方向，为树立规则信任服务并能确保代际传承前后若干年企业的稳健经营。财务的核心是权力分配，通过权力在利益相关者之间的不同配置，调整利益相关者在财务体制中的地位，适应关系治理机制的规则信任导向。进一步地，财务安排的高屋建瓴可以从两个方面理解，静态上讲是指控制权配置结构和权力分布状态，动态上讲是控制权配置的制衡、调整的过程。在关系治理机制演进的关键时期，家族企业的控制权集中或分散、控制权在家族成员或非家族成员间的配置以及控制权在家族成员内部的配置都是具体内容。

站在控制家族角度，是否便于掏空中小股东利益并不是其考虑代际传承问题的出发点，有证据表明，二代担任董事长/总经理的家族企业掏空行为下降2.1%/2.0%（Xu et al.，2015）。对于进行代际传承的家族企业而言，侵占中小股东利益不是重点，而控制权带来的管理问题以及对公司治理效率的负面影响可能成为代际传承的障碍，不可忽视。控制家族一方面要保护好控制权，另一方面还要避免控制权可能对代际传承产生的负面影响。结合关系治理机制转变的内环境，控制权配置值得控制家族认真思考，其与财务利益的分配紧密相关，同时也是配合实现治理机制转变、主导家族企业发展的重要因素。

我们认为，控制权安排就是要随治理机制演进而打破原有过于集中的状态，使其更有利于适应环境变化，为代际传承前后若干年的稳健经营提供保障。控制权具体又由股权、董事会及管理权实现，因此研究代际传承过程中控制权的安排要从股权、董事会和管理权三个方面入手。主要的任务在于思考股权、董事会和管理权如何分配才能有利于成功传承，而股权、董事会和管理权分配在一段时期内相对稳定，它体现了财务安排的高度。

一 股权安排

集中的股权成就了家族的控制地位，也成就了家族目标的实现。这是因为股权赋予所有者更多的权力，所有者因此更有动力参与企业运行（Demsetz and Lehn，1985）。股权较为集中的家族企业在研发、培训、扩大生产等方面均优于竞争对手（Miller and Le Breton-Miller，2003），Hoopes 和 Miller（2006）认为股权集中能有效降低监督成本，帮助家族企业在起步时创造资源优势，在美国标准普尔 500 指数公司中，家族企业的业绩表现优于非家族企业（Anderson and Reeb，2003）。

股权安排在关系治理演进过程中占有重要位置。尽管股权集中给家族企业带来诸多好处，但从公司经营角度来看，公司规模越大经营越复杂，家族的集中决策方式变得越不适应（Klasa，2007）。而且，如前文所述，集中的股权与家族权威紧密联系，在关系治理机制演进过程中，集中的股权与规则信任的建立格格不入。

基于此，我们认为关系治理机制演进下的股权将进行如下安排，即呈现以下几个趋势。

首先，家族将稀释部分股权，但仍保持控制地位。一方面，股权越集中风险就越大（Demsetz and Lehn，1985）。相对于规模不断扩张的家族企业，控制家族的掌控能力越来越弱，但集中的股权带来的家族权威牢固，科学的决策机制难以引入。另一方面，创始人即将退出企业经营，接班人很难继承创始人的权威，围绕权威进行的决策将出现问题，实践中非常需要引入科学的决策机制，以弥补决策机制的不足。在关系治理机制演进的数年中，稀释部分股权能逐渐降低控制家族的权威，有利于引入先进管理制度。但稀释股权也存有底线，保持家族的控制地位是必须的，否则代际传承将难以进行。

其次，维持适当水平的股权制衡度。股权制衡度对公司业绩与价值的作用很难用正相关或负相关简单概括。股权制衡度既能带来益处，也有不利之处。国内有关该问题的研究也证实了这一点，有的研究认为股权制衡程度高的公司具有更高的经营绩效（陈信元、汪辉，2004），但也有相反的证据认为股权制衡程度高的公司的业绩显著差于同行业、总资产规模最接近的一股独大公司（赵景文、于增彪，2005）。对于有意进行代际传承的家族企业来说，较高水平的股权制衡度不利之处表现在对管理层的监督不力、消耗家族权威等方面，其必将削弱代际传承中家族的主导作用。Gomes 和 Novaes（2005）也认为，当企业有过度投资的倾向、很高的融资需求时，股权制衡可能是有效率的；反之，引进股权制衡的股权结构未必是一种正确的选择。显然代际传承时期的家族企业不具备上述条件。

最后，以接班人为核心的新管理团队持股计划。控制家族将股权稀释到非家族成员手中，这些非家族成员是被选中辅佐接班人的，很可能并不是跟随创始人打拼的老员工。Morck 等（2003）发现高管持股有利于克服管理者的短视行为进而提高公司的长期价值。由于接班人即将上任，尽快建立以接班人为核心的新管理团队是代际传承时期一项重要的任务，而股权是具有长期激励效应的方式，能给员工带来较大的归属感，可帮助接班人快速凝聚人气，同时还有利于提升非家族成员的地位，有利于引入先进管理制度。股权稀释给新管理团队成员是关系治理机制演进过程中控制家族必然采取的措施。但国内股权激励实施时间还不长，若激励契约设计得不合理或缺少应有的制约条件，股权激励就可能产生新的代理问题，为代际传承埋下隐患。

早期研究如储小平曾提出家族企业股权稀释的意义首先在于应对环境特别是财务环境的变化，其次在于企业产权制度的创新，激励机制的构建等。现如今，改革开放初期建立的家族企业已经发展至交接班的时期，股权稀释不仅体现了对环境变化的适应，同时，也体现了企业治理机制转变的需要。

二 董事会构成

董事会在公司治理中占有重要地位，它一方面是所有者的代理人，代表所有者的利益；另一方面是企业经理层的委托者，负责对企业经理层的监督和激励。董事会的结构特征可能会影响其发挥决策和监督职能的有效性，进而间接地对公司业绩产生影响。比如研究认为董事会规模与公司价值存在显著负相关关系（Yermack，1996），研究还认为董事会中独立董事比例与公司业绩显著负相关（李常青、赖建清，2004）。

如前文所述，控制家族倾向于安排家族成员进入董事会，而不论其是否具有决策咨询的能力，而家族成员董事显然具有诸多局限：他来自家族，让他拥有客观的立场，实是勉为其难。他由于家族内部利他行为才得以进入董事会，让他拥有运筹帷幄的本领，也是勉为其难。不仅如此，家族成员董事还极易将家族内部矛盾带入企业。

代际传承时期董事会如何发挥作用，是关系治理机制演进中需要认真思考的问题。我们认为，家族企业代际传承时期的董事会安排可能呈现如下特征。

增强董事会独立性，增加非家族成员比例。要使董事会能有效地实现其监督控制的作用，关键是董事会保持其独立性，客观判断和决策公司事务。董事会独立水平主要是由董事会领导层结构和独立董事等决定的。适当考虑安排非家族成员股东担任董事、独立董事，也可考虑非股东高管进入董事会，同时重视董事的学历水平的整体提升，有计划地进行董事会规模的调整，并完善董事会成员、四委会成员调整的制度。

保持家族对董事会的控制。董事会是家族企业经营决策的最高机构，它行使战略决策权、任命管理层并对其进行监督。家族成员若在董事会控制方面失利，控制家族进行代际传承的意愿很难实现，至少在管理权传承方面一定会遇到较大的阻力。尽管关系治理机制演进下调整董事会结构、引入非家族成员有利于规则信任的建立，但绝不意味着家族成员应放弃对董事会的控制。例如，2007年鲁泰接班人刘子斌担任总经理，当年董事会局面打破最明显的表现是在进入代际传承实施期后的首个董事会规模不变的情况下新增三名独立董事。2013年接班人刘畅担任新希望集团下属公司新希望六和股份有限公司董事长，而陪同她一起上任的是非家族成员首席执行官、联席董事长陈春花女士。

三 管理权配置

管理控制也是控制权的一个表现。如果说股权控制体现家族企业股东性质、股东决策地位等，那么管理控制就体现为家族对企业具体事务的掌控。管理权集中在董事会及中高层管理团队之中。创始人经营时期家族企业的管理权配置遵循关系原则，家族成员比非家族成员更有优势获得管理权。但是这种依赖亲缘关系的管理权配置，在企业进入代际传承实施期后逐渐变得不适应。尽管股权的稀释释放了规则信任的空间，但能否建立规则信任、多大程度上建立规则信任，还依赖股权控制衍生出的管理权的家族控制局面是否能逐渐打破。这是因为股权的稀释需要透过管理权重新配置来体现，管理权配置若不向非家族成员倾斜，家族内部成员对企业关键岗位的控制局面不改变，股权稀释换得的优势将大打折扣。

因此，管理权稀释也是不可缺少的部分。如前分析，在创始人经营时期的基于权威信任关系治理机制框架下，家族企业关键岗位管理权往往按关系亲密程度分配，这种家族内部利他主义行为产生了搭便车等新的代理问题，从而束缚了家族企业的发展。代际传承意味着创始人权威时代的终结，也意味着家族内部利他主义行为的重组，是解决家族企业特有代理问题的机会。事实上，除了在股权稀释上的实践，家族企业进入代际传承实施期后，在管理权配置上也应进行改革。

总经理应下放管理权。引入职业经理人、技术专家等非家族成员管理者，替接班人分忧。关系治理机制演进过程中接班人应合理有效地授权副手，包括财权、用人权和其他管理权。基本原则是：将一些风险可控的事务管理权下放；将一些程序性事务、流程清晰的事务管理权下放；将一些利于提高效率、增加收益事项的管理权下放；将大量占用总经理时间、可以由助手承担事项的管理权下放；将一些专业性特别强的项目管理权下放。

不仅如此，总经理以下高管的管理权也需下放。将财务总监从日常事务性工作中解放出来，财务总监应将主要精力转移到协助总经理进行重大决策上来，比如上市战略、财务战略、投融资策略、财务分析等。副总经理也应腾出精力协助总经理做公司战略规划、企业治理机制设计等，为形成真正意义上的决策团队做出充分准备。

例如，京山轻机在进入代际传承实施期的当年引入两名具有丰富职业经历的外籍职业经理人帮助其引入先进管理理念提升国际竞争力。2005 年接班人担任总经理的第一年，就激励机制进行了重大调整。尽管在正常情况下家族企业是排斥与他人进行技术合作的，因为这种合作极有可能会降低控制家族的核心地位，但是自 2005 年始，在创始人和接班人共同主导下，从美国太阳公司引进了具有世界先进水平的技术。外籍员工的加入给公司带来了先进的技术管理经验，这些在创始人经营早期阶段比较少见，因为这种行为与权威信任关系治理机制并不相容。

第四节　财务活动安排

关系治理机制演进过程中的财务安排还需要"关注细节"。关系治理机制演进还需着眼于财务具体活动。企业常见的财务行为如投资、融资等方面应制订计划，如何配合降低关系治理机制演变过程中的企业内部风险，实现代际传承目标。成功传承与家族成员之间关系、代际传承过程因素、公司因素紧密相关，其中公司因素被关注的最少。

关系治理机制调整增加了企业内部运行的风险，家族企业是否能控制财务风险成为关键，因此财务行为如投融资等应首先考虑如何降低风险，如何能有利于规则信任体系的建立。代际传承的财务安排包含控制家族在此阶段的融资、投资及股利发放的具体政策，企业将由创始人经营时期过渡到接班人掌权时期，如何有效调整融资、投资以及股利发放等政策，比如设置怎样的融资规模、结构与期限，保持怎样的投资效率以及股利发放率等具体问题是控制家族不可小视的细节。

一 债务融资

"关注细节"指的就是考虑企业财务活动如何支持代际传承，这是代际传承中财务安排的出发点。

相对于非家族企业来说，家族企业更倾向于债务融资。家族企业长期负债比重较高，由于家族企业投资具有低风险性，债权人更倾向对家族企业发放长期贷款（Anderson and Reeb，2003）。但家族企业总体负债率低于非家族企业，2001年到2009年，家族企业的平均负债率为37%，而同期非家族企业的平均负债率为47%。由于家族企业比非家族企业拥有更好的盈利能力，家族企业偿债能力往往更高。然而，代际传承使得关系中心发生改变，伴随而来的是银企关系密切度以及债务融资偏好改变，创始人关系型借贷格局将逐渐被打破。这是因为接班人对关系型融资成本的看法与创始人不相同，维系关系所需付出的时间成本与精力使接班人倍感吃力，这种态度差异将促使关系借贷格局破冰，债务融资未必一定通过关系银行进行。

我们认为，关系治理机制演进下的家族企业债务融资安排呈现以下特征。

第一，考虑资金的可得性以备不时之需。资金是传承成功最常见的阻力（Massis et al.，2008）。补偿支付、接班后的重组都需要资金，这些将成为家族和公司资源的最大约束。没有充足的资金和恰当的资本结构，家族企业的代际传承会受到较大的阻碍，甚至是未来的发展也将受限。其他管理方面（继任者能力培养等）准备得再充分，若缺乏代际传承所需资金也是徒劳。因此家族企业设置充足的传承资金是成功传承管理的必要条件，增强债务融资成功概率是控制家族必须考虑的。

第二，适应关系型契约向保持距离型契约的转变。如前所述，代际传承的预期将直接影响到银行等金融机构与企业间的关系。创始人与之打了几十年交道，尽管银行等金融机构与创始人有着深厚的关系，认可创始人，并在其所需时提供贷款，但这并不意味着银行等金融机构会自然而然地将对创始人的认可转变成对接班人的认可。原有的创始人经营时期关系型借贷基础发生改变，如何适应这一改变，如何让企业顺利通过市场规则的考验，是保障资金可得性的关键所在。

第三，保持债务融资的风险可控。债务融资规模、期限结构是债务融资风险的主要指标。代际传承带给家族企业或多或少的冲击，由于正式传承后的经营业绩不好预测，控制家族在进入代际传承实施期后应降低负债规模，负债比例越高带来的财务风险越高，同时采用长期债务融资，这是因为长期借款有助于降低企业的经营风险。债务融资是企业的基本行为，也是最能体现治理机制导向的财务活动之一。家族企业代际传承时期的债务融资行为最能直接体现关系治理机制演进所要求的规则意识。

二 投资行为

行为代理模型认为家族企业是厌恶风险的，家族企业的战略行为受保护社会情感财富驱动（Gomez-Mejia et al., 2007; 2010）。这些研究认为，甚至在损害长期经济利益的情况下，家族企业仍会为了保护社会情感财富而做出冒险的决策。然而，他们会避免做出使长期经济利益增加但可能降低社会情感财富的决策。长期投资是公认的高风险项目，它可能给企业带来长期经济利益，但需要家族企业承担高额的支出以及现实的风险，因为这些将威胁到家族的社会情感财富，家族企业为了保护社会情感财富而减少长期投资，因而其长期投资规模低于非家族企业。

但是投资作为企业的一项重要的财务活动，关系到家族企业的核心竞争力培育，也关系到家族企业的未来盈利能力。控制家族的经济利益通常依赖于其所控制公司的生存和业绩，控制家族承担了较高的公司个别风险。因此与非家族企业相比，家族企业所有者有较强的降低公司风险的动机。长期投资一般由资本支出和研发支出构成，资本支出是未来相对稳定的经济利益的保障，研发支出就更关系到未来企业超额经济利益的获取。可见，在家族企业发展的任何时期包括代际传承时期，投资安排也应得到控制家族充分重视。

我们认为，关系治理机制演进下的家族企业投资安排呈现以下趋势。

长期投资规模减少。在关系治理机制演进过程中，企业的内部风险已经较大，此时控制家族不能将资金过度投入长期投资项目中，这样家族企业的运行风险更大，但也不能不做长期投资，如此将带来正式接班后家族企业发展后劲不足的困扰。控制家族应遵循最佳投资政策，选择那些能使公司价值最大化的项目进行投资，尽量减少那些过分依赖创始人、职业经理人或个别技术专家专用性人力资本的长期项目。这当中，常见的投资过度、投资短视及敲竹杠的行为都是不恰当的。

长期投资决策程序更严谨、项目筛选更严格。可以预测的是，由于规则逐渐受到重视，依靠科学的决策程序而不是依赖创始人及其家族核心成员等少数人的主观判断将成为趋势。项目筛选不应依赖家族成员的感觉和偏好，应通过综合评价体系确定最佳投资项目。从风险规避的角度出发，如果家族拥有较高比例的公司股权，那么它们会有较强的动机和影响力去提高公司长期投资的成功率，降低长期投资项目的风险。而长期投资项目的科学评价及决策是降低风险的前提条件。

投资项目收益与管理者考核挂钩。家族企业的投资项目实施和经营最终必须通过管理者来实现，因此管理者在决策和实际行动过程中所拥有的权力和行为空间的大小对企业的投资决策有着重要的影响，如何将长期投资项目收益与管理者薪酬建立关联，是控制家族通过投资安排建立规则信任的一次契机。

三 股利分配

企业的股利政策影响因素较多,具有较强的异质性。研究者将股利政策与公司治理联系起来,认为发放现金股利可以起到降低代理成本的监督治理作用,然而家族企业的第一类代理问题并不严重,研究表明家族上市公司的股利分配水平显著低于非家族上市公司(Cesari,2012)。魏志华等(2012)以2004—2008年1378家中国A股上市公司为样本,实证结果表明家族上市公司具有相对消极的现金股利政策,在控制其他影响因素后,家族上市公司的派现意愿和派现水平要比非家族上市公司低35%以上。邓建平、曾勇(2005)认为家族控制的上市公司股利决策并不是为降低经理人滥用自由现金流的风险,而是和控制家族自身利益最大化有关。当控制权与现金流量权分离程度越高时,公司越倾向于不分配或分配较低比例的股利。

公司盈利水平、再融资能力、公司偿债能力等是非国有上市公司在制定股利政策时考虑的重要因素(李礼等,2006),而且对于家族上市公司而言,应考虑的主要因素是本期和以后各期的盈利能力及公司所处风险水平,这是因为支付现金股利的资金主要来源于经营活动现金净流量。另外,代际传承时期股利政策的安排还应考虑其信号传递功能。

我们认为,关系治理机制演进下的家族企业投资安排呈现以下趋势。

调低现金股利发放,减少对净现金流的消耗。尽管家族上市公司的股利分配水平已经处于较低水平,进入代际传承时期后,控制家族首先应保持传承时期的资金充足率,这样家族上市公司的现金股利发放水平就更低了。支付现金股利势必减少企业的自由现金流,对于身处代际传承时期的家族企业而言,内部治理机制演进下的家族成员股份回购、新团队建设、激励机制变革等都需要大量的资金。支付现金股利降低了接班人的可支配现金流,同时代际传承对家族企业的融资能力也产生较大冲击,现金流如果出现不足,将在一定程度上阻碍代际传承。

适当发放股票股利,释放良好发展前景的信号。调查认为大部分管理层认为股票股利传递公司成长和未来发展前景信息(易颜新等,2008),股票股利具有较强的信号传递功能,而且与现金股利相比,流通股股东偏爱股票股利带来的股票差价,提高股票股利迎合市场需求,股价会随之上涨,对流通股股东来讲,股票股利存在显著的财富效应。向市场释放良好的发展前景信号对尽快树立接班人威信、提升接班人信心也是非常有必要的。总之,在关系治理机制演进下,基于当期和未来的净现金流量来确定股利政策,应将融资、股利与代际传承统筹起来考虑。

四 信息披露

Fan 和 Wong(2002)指出,在家族控股为主要表现形式的东亚国家,企业的财务信息报告质量很差。控制人提供信息报告时,通常以如何有利于自身利益为出发点,对外部投资者而言,财务信息失去可信度。这不仅与控制家族攫取私利的欲望有关,也同国家的法律监管环境有关。更进一步地,市场尚倾向于认为家族企业的盈余质量也比较低,在缺乏法律的监管与保护下控制人能通过会计政策的选择影响盈余水平,因而盈余的真实性受到普遍的怀疑。

家族企业会计透明度低,是因为家族企业是以内部人为基础的财务信息系统,不及时确认损失和较低的盈余质量是最明显的两个特征(Ball et al., 2000; Fan and Wong, 2002)。控制人以个人关系网络和内部信息沟通建立契约催生了这种以内部人为基础的财务信息系统(Ball and Shivakumar, 2005),这种关系网络有利于实现和保护控制人的私利(Fan et al., 2012)。但投资者对家族企业盈余质量的长期不信任会带来一系列后果,比如增加融资难度、加大公司风险等。以创始人为中心的关系网络将随代际传承的到来而打破，围绕创始人的内部信息沟通渠道也将发生改变，这将冲击以内部人为基础的财务信息系统。家族企业需要提前就财务信息的披露进行安排，主动适应环境变化。

我们认为，关系治理机制演进下的家族企业财务信息形成和报告方面应围绕提高财务信息质量展开。

提高盈余信息披露质量，换取利益相关者信任。以往研究者均是站在投资者保护角度、站在监管者角度对企业的盈余信息质量提出要求，盈余质量高低影响了投资者对企业的判断，影响资本市场效率。对于两权分离的普通公司股东而言，企业提高盈余信息披露的质量总是好的，但站在家族企业的控股股东角度，由于无须考虑第一类代理问题，内部人基础的信息系统可以为其带来较大的私利空间，因此控制家族是不愿意提供高质量的盈余信息报告的。但是随着代际传承时期的到来，旧有的内部人信息系统将被打破，遵照资本市场规则提高盈余信息披露质量也可能是争取利益相关者支持的一种途径。

财务信息与企业诚信联系在一起，创始人在位时还可以依赖创始人数十年积攒下的关系网解决融资等难题，但代际传承后接班人无法全部继承创始人关系网，引入规则进行治理是唯一的选择。那么，控制家族首先就要面对市场规则与家族偏好的矛盾，尽管提高会计透明度在短期损害了控制家族的社会情感财富，但应站在更长远的角度评估增强财务信息质量的意义。

第五节　财务考评体系设计

家族企业财务考评与非家族企业有明显不同。首先从家族企业自身发展阶段看，财务考评体系在家族企业不同发展阶段表现差异较大。在家族企业的初创阶段，如何快速开拓市场，创造有利的生存空间是最重要的战略目标（周文成、赵曙明，2006），此时的财务考评体系往往并不健全，一切围绕着市场份额展开。具体来看，对家族成员或共同创始人没有严格的财务考评要求，事实上家族成员或共同创始人甚至可能没有明确的岗位职责。随着企业的发展壮大，家族企业基于创始人权威信任的关系治理机制逐渐发展成熟，家族企业战略目标发生转化，产品升级、技术更新等成为新的战略目标，财务考评体系设计也不再仅围绕市场份额展开，逐渐形成多元化的财务考评指标体系。

其次，同等能力水平下，企业倾向于给家族成员或共同创始人更高报酬。家族企业考评面临的问题有两个：推进对家族成员或共同创始人公平考核比较难，阻力主要来自家族观念的抵抗以及共同创始人的排斥，家族奉行凝聚、和气，一旦公平实施财务考核，必将带来竞争上岗等分裂家族的潜在因素；共同创始人劳苦功高，且深谙企业运营的某一模块，公平财务考核直接影响其经济利益及权利分配。另外，家族的利他主义会严重影响企业对家族成员财务考核执行，企业不能有效评估家族成员的绩效（Chua et al., 2009）。然而，更高报酬并不能激励同等能力的家族成员发挥更大潜能，而且，能力较差的家族成员反而会利用利他主义牵制企业。家族内部不对称利他主义直接导致对家族成员的高报酬并不能换来比非家族成员更高的努力程度。

最后，非家族管理者一般难以获得股权激励。家族企业不像非家族企业那样，乐于实施股权激励计划，就职于家族企业的非家族管理者大都没有股份或者只有很少的股份，对企业长期战略作用很小，因此非家族管理者的行为受短期获利引导而难以与创始人期望保持一致（Chrisman et al., 2007），这又反作用于考评结果。非家族管理者的积极性因此受到挫伤，同时对家族企业的认同感降低，离职概率增大。研究者认为，家族企业可能面临的非家族管理者道德风险远远高于非家族企业（Chua et al., 2009）。

在家族企业相对平稳发展时期，这些问题的负面影响并不大，主要原因是非家族成员管理者担任重要管理岗位人员较少。储小平（2002）调查结果显示，本土家族企业首先将机密程度较低的生产技术部门和例行公事管理（办公室）的经理岗位对外人开放。此时期家族企业不具备推行财务考评改革的内部环境，创始人也没有动力开展针对情感关系人的财务考评改革。

但是，当家族企业进入代际传承期后，公司治理环境将发生改变，由创始人权威信任下的关系治理向继任者经营时期规则信任下的关系治理过渡，家族企业的战略目标也不同于以往。若继续拖着家族成员及共同创始人占据高层管理者的旧有职位设置体系前行，对于接班人而言，束缚大于帮助。家族企业对非家族管理者的使用，将不可避免地深入营销、财务、人事及采购等机密程度较高的岗位（储小平，2002）。这时，如何顺利实现传承时期治理机制演进，规则信任如何建立，以继任者为核心的新管理团队如何组建，财务考评体系设计这一重要工具，就变成家族企业该时期不能忽视的财务安排之一。

一 考评导向

"关系"在创始人经营时期治理机制中作用深刻，也体现在财务考评体系设计上。财务考评主要目的是实现对非家族管理者行为的引导和控制，创始人、家族内部成员及共同创始人可以超越考评体系之外。这些区别典型表现在薪酬领取方式、个人享受幅度、闲暇弹性及激励力度等方面。非家族企业必须通过适当的财务考评体系评价职业经理人业绩、激励他们为公司的目标而努力，时刻考虑所有权和经营权分离所造成的代理问题，而家族企业则不然（Chua et al., 2009）。家族企业的所有权和经营权合二为一，创始人既是所有者又是经营者，其他家族成员或共同创始人不论是否拥有股份、不论能力高低，都进入管理层，管家理论更能解释家族企业初创期共同创始人的行为，他们利益取向总体上保持一致，即使不考评也不会产生较大的代理成本。这便形成与非家族管理者财务考评体系完全不同的另一条线，考评导向中只关注了非家族成员的代理问题，并未涉及家族成员或共同创始人的代理成本，考评设计偏向情感性关系中心，这是导致不公平的财务考评体系设计的原因之一。

控制权在代际间延续是家族企业重要的非财务目标，家族企业实施财务考评的目的除了实现常规的财务目标外，更强调非财务目标。这就要求家族企业的财务考评体系以长远利益作为导向（Le Breton-Miller and Miller，2006）。如何衡量财务目标实现尚是财务考评实践中的难题，如何衡量非财务目标实现就更为困难。针对财务目标的考评难以摆脱主观性影响，更不用说在包含非财务目标情况下的考评了。另外，有没有、在多大程度上执行了长期利益的要求等难以评估，考评客观依据差，必然增加非家族管理者的不公平感受，也很难有效引导非家族管理者行为（Barnett and Kellermanns，2006）。这些由考评直接带来的代理问题在创始人经营的较长一段时期逐渐积累。

当向接班人经营时期过渡时，家族企业内部环境将发生较大的变化，原本依靠创始人权威信任降低关系人代理成本的治理土壤消失。家族成员及共同创始人的代理问题产生，加之旧有非家族管理者代理问题，家族企业面临的代理成本激增，财务考评体系改革势在必行。

财务考评怎样变革才能适应治理机制演进的需要？代际传承风险来自创始人即将离任的无序，情感性关系下的信任约束逐渐失去力量。与此同时，工具性关系下的新信任需要尽快建立，通过规则约束来实现代理成本的降低。考评导向随关系治理机制的演进而改变。在基于创始人权威信任关系治理机制向基于规则信任关系治理机制演进趋势下，以情感性关系为中心的财务考评体系设计将向以工具性关系为中心逐渐过渡。

二 体系设计

如前所述，代际传承带来家族企业内部环境的骤变，家族内部人员即使是继任者本人与创始人利益取向都或多或少存有差异，他们之间的代理问题逐渐暴露,此时的家族企业面临的代理问题比非家族企业更为棘手(Chua et al.,2006)。代际传承时期财务考评体系设计变化应体现降低代理成本的意图,不仅要考虑解决非家族管理者的代理问题,更要考虑如何应对共同创始人及新进家族成员代理问题。财务考评体系设计变化还应体现在对"公平性""竞争性"和"团队性"更为重视上,应明确依赖规则进行考评的决心。不仅需要考虑新组建管理团队、吸引留住优秀非家族成员,还需要考虑传承时期财务稳健性、长远性发展指标的细化等。

我们认为,第一,关系治理机制演进下的考评体系将围绕降低高层管理者代理成本设计。高层管理者不仅包括非家族成员,还包括家族成员或共同创始人。实践中,家族成员或共同创始人对传承的影响极大,以共同创始人为例,他们在家族企业中工作时间长、关系网深厚,掌握家族企业所需资源,相比较而言,继任者阅历较浅,信息不对称使得共同创始人与继任者间的代理成本增大,怎样才能降低新掌门与共同创始人之间的代理成本?显然,通过将共同创始人纳入考核体系,赋予接班人考评权,引导共同创始人与企业传承战略保持行动一致是顺利传承的必要保障。对家族成员及共同创始人实施正式考评,不仅有助于降低他们的代理成本,还有助于纠正以往由于利他主义带来的考评偏差,增强非家族管理者的公平感。

第二,考评将凸显高层管理者间的竞争性。家族成员或共同创始人身居要职,并不愿意随创始人离任而退出家族企业经营,当家族企业为了传承成功而从外部引入职业经理人时,这些关系人首先认为控制权遭受威胁,进而尽力维系手中权力,创造各种阻碍,即拥有股份越少越有动力进行权力斗争,越有积极性进行"感情投资""权力投资",来使自己继续拥有控制权(刘晓芸、鲍慧琼,2008),人为增大企业运营风险。对于高风险的代际传承时期,无疑是雪上加霜。因而,帮助继任者顺利实现规则信任治理,制定能上能下的财务考评规则理应是财务安排的一项重要考虑,客观的考评规则也有助于降低代理成本，激发高层管理者的努力程度。

第三，考评将更重视各类财务指标的安全性。权力交接时期，企业有意识降低运营风险。创始人数十年的打拼，一直以成长速度作为主要追求目标，首要关注利润增长率类的收益指标，代际传承时期不同于之前的初创及发展期，如前文所分析，运营的安全性将成为这一时期主要追求的目标，追求利润的同时更关注杠杆、运营效率、现金流等稳健类的风险指标。关系治理机制演进中考评更注重控制风险，显而易见，并不鼓励实施高风险、高收益的项目。

第四，考评将更注重增加对优秀管理者的股权激励。研究者认为解决代理问题分两块，一是考评能力水平，二是考评努力程度，这便要求薪酬体系也要设计为两大部分，一是基础薪酬部分，二是利润分享或股权激励部分（Chua et al., 2006）。股权激励将管理者利益与企业长远利益捆绑，能降低代理成本。尤其在传承时期，激励管理者尽最大努力工作，实现企业目标，给予股权激励还是十分必要的。尽管从短期上看，这与保持家族的控制地位相背离，但从长期来看，一定范围内有计划、有步骤地拿出股份执行该政策，有利于增强管理者的认同感，激发他们的努力程度，这正是传承时期所需要的凝聚力。

总之，传承实施期财务考评体系设计应达到降低高层管理者代理成本、激励非家族成员以及保障财务运行安全的作用。

三 补偿机制

家族成员及共同创始人资历老、经验丰富，往往对持续学习、创新与自我成长的投入不足，甚至仰仗功高，做关系建立以自己为中心的关系圈（刘晓云、鲍慧琼，2008），由此带来的代理成本无法通过财务考评体系避免。当家族企业执行市场化的财务考评规则时，家族成员及共同创始人作为继任者父辈的"关系"人，可能会利用情感性关系抵制竞争性的考评，进而成为规则信任关系治理机制建立的阻碍者，这无疑又进一步增大了传承风险。随财务考评体系变革而来的一个困难需要面对：家族成员和共同创始人是去是留？

非家族企业执行财务考评时没有任何后顾之忧，人才流动是正常的市场化行为，符合市场规律（Mitchell et al.，2003），不存在超越法律法规的补偿机制。家族企业与非家族企业不同，家族企业的创立与发展离不开家族成员及共同创始人的奉献，最重要的是，他们与创始人之间存在深厚的情感性关系，完全市场化的处理手段非首选。由此，如何去家族成员及共同创始人、渐进去还是激进去等问题，还将从情感性关系入手解决，首要考虑对家族成员及共同创始人的认可，找到合适的补偿机制。

补偿机制是家族企业代际传承时期财务考评体系中特殊的内容，针对拥有控制权的家族成员或共同创始人特别设立，即鼓励不愿或不能满足财务考评体系的家族成员或共同创始人放弃控制权，并给予一定的补偿。创始人和继任者必须扫清家族成员或共同创始人退出的刚性障碍，通过契约方式与其约定退出条件、补偿等事项，并严格执行，奠定基于规则信任治理机制的基础。如何让元老既有面子又有里子地退出——既能彰显家族企业对有功之臣感恩的品格，又能消除有功之臣可能的负面作用。设计一套两全其美的补偿机制不可忽视。

根据退出方式的不同，补偿机制的设置也会有所区别。元老人员的退出方式有两种：一是渐进式退出，表现为控制权逐渐收回，委任岗位的重要性逐渐下降，并最终退出企业；二是激进式退出，表现为短时间内迅速收回控制权，不委任岗位，与企业不再有关系。[①] 退出

[①] 创始人退出表现为五种形式：一是彻底退出型。即企业家彻底离开企业，不再有任何直接的利益关系。二是弱股东型。即退化成为弱股东身份，以享受分红权的股东资格参与企业的有关事项。三是弱员工型。即仅以普通员工的身份参与企业的经营活动，享有工资和奖金等分配权。四是决策指导型。即企业家采取一种相对比较缓和的策略逐步地退出经营领域，不再参与具体的管理事务，而是以管理顾问的身份协助新上任的企业家。五是幕后操作型，相对于含有"顾问"性质的决策指导型退出行为，采取此种退出行为的企业家往往仍旧享有一定的控制权。由此总结提出渐进式退出和激进式退出两种模式的概念，元老人员的退出与此类似。梅琳、贺小刚、李婧：《创始人渐进退出还是激进退出？——对创业家族企业的实证分析》，《经济管理》2012年第1期。

方式的选择主要依据岗位特征、人员特征及企业发展需要，重要岗位、资源关系依赖较多的岗位适合渐进式退出，相反，非重要岗位、资源关系依赖较少、严重不利于接班人威信树立等情况则适合采取激进式退出方式。

针对家族成员及共同创始人的补偿机制应有如下方案：第一，金钱补偿机制，针对持有公司股份的家族成员或共同创始人，根据协议价回购其手中股份，金钱补偿机制在两种退出方式中都适用。第二，头衔补偿机制，考虑家族成员及共同创始人的管理角色转化，不再委任高层管理者，但可以委任企业的"顾问""导师"等辅助性岗位，渐进退出企业经营。头衔补偿机制特别适合渐进式退出方式。第三，福利补偿机制，承诺家族成员及共同创始人即使退出也可以享受原有的企业员工福利，这种补偿机制适合渐进式退出方式。第四，支持创业机制，必要时可对于家族成员及共同创始人从事的与家族企业非竞争性行业的创业行为给予一定支持，家族企业成为新创企业的股东，这种补偿机制适合于激进式退出方式。第五，补偿机制应建立在家族成员及共同创始人承诺不泄密、不挖人、不与家族企业行业竞争对手合作的前提下。

总之，代际传承过程中，控制家族应如何把握控制权安排及财务活动安排对代际传承目标的支持呢？该回答就是要验证代际传承中家族企业究竟做了怎样的财务安排，呈现怎样的特征，也是本书下面要关注的重点内容。财务安排的内容颇多，但本书将从控制权安排、债务融资安排及投资安排三个最主要的角度观察与论证代际传承时期关系治理机制演进背景下的家族企业财务安排，并分析它们各自所起的作用。

第六节　本章小结

尽管大量的研究涉及传承的过程，例如管理学者常从人事管理视角研究代际传承过程中的创始人、创始人子女、家族其他成员及共同创始人间的职位安排等。但关于代际传承时期特殊财务问题应该是怎样的研究较少（Koropp et al., 2013），财务应如何服务于代际传承目标的研究几乎为空白。

从代际传承过程看，家族企业有三个明显的阶段：创始人经营时期、创始人与接班人共同经营时期及接班人经营时期。创始人经营时期是指代际传承前，创始人与接班人共同经营时期是指实施代际传承至正式传承之前的一段时期，接班人经营时期是指创始人退出企业经营后。家族企业在各阶段的战略侧重点不同，形成不同阶段不同的财务特征。

由权威信任导向向规则信任导向治理机制演进是家族企业代际传承时期的公司治理特征。财务安排是公司治理的一项重要内容，也是实现公司治理目标的重要手段，因此，代际传承时期治理机制的演进必将要求家族做出系列财务安排，家族企业的财务将呈现不同于创始人经营时期的新特征、新动向。

家族企业的财务特征是创始人经营时期财务安排的反映。社会情感财富存在代际递减效应，创始一代追求社会情感财富的欲望最为强烈，创始人经营时期的非财务目标优于财务目标特征明显。中国本土家族企业的控制权集中程度较高，相应地，财务利益分配比较集中，创始人关系网在家族企业创立与发展初期起到较大作用，关系用人、关系借贷等为企业的发展解决了人力资本与资金的问题，综合来看，为了家族企业能顺利赢得竞争优势，家族企业在创始人经营时期，利用创始人权威采取支持企业快速发展的财务导向，财务表现既激进又灵活。

预期代际传承的到来推动了家族企业治理模式的变革，从治理模式上首先适应创始人退出经营的预期。家族企业的财务环境可以从政府关系、银企关系、股东关系及员工关系四个方面考察，创始人退出经营的预期冲击了家族企业的财务环境，治理模式变革下的家族企业财务安排也必将发生新变化。

关系治理机制演进下家族企业的非财务目标视角发生转变，保护社会情感财富由积攒转向延续，因此如何延续社会情感财富是控制家族首要考虑的问题。非财务目标视角将贯穿在家族企业的财务安排上，为代际传承做好财务保障成为财务决策的出发点。规则信任要求企业打破创始人权威信任格局，进而会推动控制权等系列财务方面改革。由此，进入代际传承实施期后的财务安排可分为三个关键模块：一是控制权安排；二是财务活动安排；三是财务考评设计。从控制权安排来看，控制家族应从股权安排、董事会构成及管理权配置三个方面设计；从财务活动安排来看，控制家族应从债务融资、投资及股利分配等财务基本活动入手，分别做出恰当的计划，并制定财务信息的形成与披露导向；从财务考评体系设计来看，控制家族应把握住考评导向，体系设计中注意夯实工具性关系考核的基础，并考虑关系人的退出方式及补偿机制。

第六章　代际传承与股权安排的实证检验

家族企业享受集中股权带来的优势。Demsetz 和 Lehn（1985）提出股权集中赋予所有者更多权力，所有者因此更有动力参与企业运行。股权较为集中的家族企业在研发、培训、扩大生产等方面均优于竞争对手，Hoopes 和 Miller（2006）认为股权集中能有效降低监督成本，帮助家族企业在起步时创造资源优势。在美国标准普尔 500 指数公司中，家族企业业绩表现优于非家族企业（Anderson and Reeb，2003）。然而，对 1970 年到 2001 年完成 IPO 的上市公司跟踪研究显示，它们的股权却呈现稀释趋势，超半数的企业第一大股东股权已经稀释到 20% 以下（Helwege et al., 2007）。股权集中既然有助于形成家族企业竞争优势，为什么控制家族还会选择稀释股权呢？已有研究从公司经营角度论证了控制权稀释的原因，认为控制家族出售股权通常与公司规模、市场估价等因素相关（Klasa, 2007）。比如公司规模越大经营越复杂，家族的集中决策方式变得越不适应，家族便会出售股权；市场估价过高也会促使家族抓住时机出售股权获利，这些研究建立在一般企业理论之上。

社会情感财富理论提出了分析家族企业行为的不同视角，而关系治理机制演进则给出了代际传承时期中国本土家族企业分析的源头。中国本土家族企业所有权和经营权合一现象明显，家族往往集所有权控制和经营权控制于一身，控制家族既是股东又是经理人。部分家族企业虽然外聘 CEO 等关键岗位，但仍坚持保留基于所有权的控制，这是因为，一旦家族失去对企业的控制，控制家族的意志对企业不再起主导作用，控制家族社会情感财富目标就难以实现。从某种意义上讲，保护好控制权是家族的首要任务。然而，创始人经营时期过于集中的控制权却非常不利于规则信任体系的建立，尽管其在创始人经营时期作用明显，但在创始人退出企业经营后，则可能成为关系治理机制演进的障碍。

第一节 代际传承与股权安排

一方面为了社会情感财富延续而必须进行代际传承，另一方面代际传承又会将企业推入风险旋涡。在企业面临生死存亡的考验时，如何保证社会情感财富能够延续？怎样才能降低代际传承带来的损失？

代际传承时期关系治理演进表现为规则信任对权威信任的部分替代，本质是创始人经营时期以权威信任为中心的关系治理向接班人经营时期以规则信任为中心的关系治理过渡。关系治理机制依赖于家族企业的股权安排，股权安排也反映关系治理机制的特征。集中的股权对以创始人为中心的家族权威起强化作用，它带来的光环集中在创始人身上。代际传承改变了家族企业原有治理环境，由于接班人很难完全继承创始人专用性资产，因而权威信任无法顺利延续，集权失去中心易陷入混乱。另外，集中的股权使得规则信任没有生根发芽的土壤，无法应对创始人离开带来的治理冲击，最终可能使代际传承陷入困境。

股权稀释利于规则信任机制及继任者新管理团队建设。对企业产权的共享，可以促进共同利益的整合（Pierce et al.，1991）。雇员与雇主拥有相对平等的协议环境，可削弱权威的地位，为规则的引入及实施提供机会。控制家族稀释部分股份，将这一部分股份转让给核心员工，可以增加投资者、管理人员和员工认同取向的可能性。分享所

| 中国家族企业代际传承的财务安排研究

有权的各个成分，可以使各方拥有同样的信息，有共同的参考、频繁的交往，缩小各方之间的权力距离，使协议更容易达成，从而可以创造和维持一种良好的相互关系（Rousseau，2001），尤其是在相对复杂的工作组织内，彼此绑在一起对工效的加强，超过仅仅提高单个人员能力所起的作用。

股权稀释有利于分散代际传承的高风险。从另一个角度讲，控制机制是一把双刃剑，它一方面虽然保护了企业的关键性资源、减少了代理成本、提高了决策效率；但另一方面，其负面影响也同样不可忽视（贺小刚、李新春，2007）。从股权结构看，股权越集中，收益和成本就越集中，而股权集中的大企业往往承受较高的综合资本成本，股权稀释是有效分散风险的途径（Demsetz and Lehn，1985）。释放部分股权有几个好处：一是可获得无偿债压力的融资以降低负债风险；二是资金更充足以提升应对不确定性的能力；三是经营风险和新股东共同分担。面对高失败率的传承风险，家族企业有必要引入新股东进行股权融资，或者雇用职业经理人，实施股权激励计划等，帮助企业度过代际传承这段特殊时期。

股权稀释也是社会情感财富目标指引下的一种特殊行为，尽管从短期看，它损害了社会情感财富。股权稀释阻碍家族权威的实施、干扰家族决策，损害家族的社会情感价值，与企业主的集权情结显得格格不入，然而这仅是表面现象。股权稀释看起来与保护社会情感财富目标违背，但社会情感财富延续也是保护社会情感财富的一方面，只有顺利进行代际传承才能延续社会情感财富，股权稀释与控制家族社会情感财富目标并不违背。由此，进入代际传承时期后家族可能做出稀释家族股权的行为，原因是保护社会情感财富的视角发生了改变。[①]

---

① 当企业遇到重大财务困境等环境变化时，不损害社会情感财富的愿望降低，家族会实施多元化投资等稀释家族控制权的行为帮助企业渡过难关。这一行为损害了控制家族的社会情感财富，但从长远看，"皮之不存，毛将焉附"？此时延续家族企业生命才是对控制家族社会情感财富最好的保护。

基于上述分析，提出如下假设：

H1：进入代际传承实施期后企业第一大股东持股比例下降。

H2：进入代际传承实施期后企业前三大股东的赫芬达尔指数下降。

如前文分析，进入代际传承实施期后，控制家族会选择稀释上市公司股权，配合关系治理机制演进的需要。随之而来的重要问题即控制家族稀释的股份去向问题。我们分析认为，第一大股东稀释出的股份主要用于内部员工激励，这是因为，首先，关系治理机制演进时期是相对混乱的，治理机制改革需要吸引并留住人才，而股权激励的效用最高。其次，股权稀释发自家族企业关系治理机制演进变革，并非股票市场博弈推动，所以我们预期家族上市公司的第二大股东至第十大股东的持股比例之和不会出现显著上升的趋势，相反，这些中型股东多为短期逐利性质，一般对家族企业关系治理机制演进及其代际传承并无认同感。在家族企业代际传承预期不明朗的情况下，即家族企业进入代际传承实施期后，更倾向于做出出售股权的决策，这使得家族上市公司的股权分布更趋于分散。由此，我们提出：

H3：进入代际传承实施期后企业的第二大股东至第十大股东持股比例下降。

家族控制权特征如两权分离度在研究本土控制家族公司治理中起到重要作用（王明琳、周生春，2006；罗党论、唐清泉，2007；许永斌、郑金芳，2007；等等）。两权分离度与公司治理存在密切关系，研究认为两权分离度高的公司更容易发生第二类代理问题等，甚至指出两权分离度越高，公司治理效应越差，公司价值越低。即两权分离度与控股股东的治理效应存在显著的负相关关系，究其原因，比较一致的观点认为，在两权分离度较高的情况下，控股家族普遍存在掏空动机，尽管也有支持行为，主要动机表现为"制度性驱动""保壳"和获得配股再融资资格，而且大股东在支持后往往会伴随着明显的

"掏空"行为,支持不具有持久性。① 那么,显然两权分离度影响控制家族代际传承中对样本公司的态度,进而影响其关系治理机制演进中股权稀释的程度。由于两权分离度越高,控股股东越置公司长远利益于不顾,他们更看重控制权的维持,因而两权分离度对控制家族在推进样本公司股权稀释的过程中将起到一定的负向调节作用,这也体现了家族企业治理机制演进过程的异质性。

H4:进入代际传承实施期的家族企业第一大股东持股比例下降幅度受到两权分离度的影响,两权分离度越高,则进入代际传承实施期的家族企业股权集中度比例下降幅度越小。

H5:进入代际传承实施期的家族企业前三大股东的赫芬达尔指数下降幅度受到两权分离度的影响,两权分离度越高,则下降幅度越小。

第二节 研究设计

一 样本与数据来源

我们以控制人为自然人或者家族的上市公司为初始样本,剔除ST公司以及金融行业等特殊行业后,再利用上海证券交易所、深圳证券交易所、金融界及新浪财经等网站中的历届董事会成员及高层管理人员姓名及信息披露,手工整理划分并得到正处于代际传承实施期的家族上市公司信息。由于拟利用进入代际传承实施期前后五年的面板数据研究股权变化规律,考虑到2013年及之后上市的家族企业至今进入代际传承实施期前后的年份最多不超过五年,数据缺失过半。拟取2012年前已经上市且截至2016年12月31日仍正处在代际传承实施期的家族上市公司作为研究样本,剔除关键自变量缺失年份后最终获得了162个家族上市公司的非平衡面板数据,研究数据来自国泰

---

① 张远飞、贺小刚、连燕玲:《危机冲击、损失规避与家族大股东支持效应》,《财经研究》2013年第7期。

安数据库。为了控制极端值的影响，数据对连续变量进行了缩尾处理。数据分析主要使用 Stata 14.1 完成。

二 研究变量

（一）股权集中度

家族上市公司第一大股东持股比例（LS），该指标仅反映第一大股东的绝对控制权，该指标越低，第一大股东的绝对控制权越低。

前三大股东的赫芬达尔指数即公司前三大股东持股比例的平方和（Herfindahl_3），该指标是反映公司前三大股东持股集中度的综合指数，该指标越低说明前三大股东持股集中度越低。

（二）股权制衡度

股权制衡度，采用家族上市公司第二大股东至第十大股东的持股比例之和衡量（S 指数），该指标越低说明第二大至第十大股东对第一大股东控制权制衡度越低，也说明股权并未稀释到中大型股东手中。

（三）代际传承实施期

以子女进入高层管理团队或董事会的年份作为企业进入代际传承实施期的标志，是否进入代际传承实施期（PRACTICE）作为虚拟变量。家族企业进入代际传承实施期取值为 1，尚未进入代际传承实施期取值为 0。

（四）控制变量

结合前人对股权特征的研究（Demsetz and Lehn, 1985；Klasa, 2007；冯根福等, 2002），选取以下指标作为控制变量。公司财务杠杆（LEV），采用资产负债率衡量；公司盈利能力（NPR），采用营业净利率衡量；公司市场表现（BM），采用账面价值与市场价值的比值衡量；公司发展能力（CMAR），采用资本保值增值率衡量；公司每股盈余质量（CFPS），采用每股净现金流量衡量；公司规模（SIZE），采用销售收入的对数衡量。同时还选取行业、上市年份等作为控制变量。

表6-1　　　　　　　　　　　变量定义

变量符号	变量名称	变量描述或计算方法
SC	股权特征	第一大股东持股比例（LS） 前三大股东赫芬达尔指数（HERFINDAHL_3）：公司前三大股东持股比例的平方和 公司第二大股东至第十大股东持股比例之和（S指数）
PRACTICE	代际传承实施期	虚拟变量：表示企业是否进入代际传承实施期，如果进入定义为1，否则为0
SEPA	现金流权与控制权的分离程度	两权分离度：根据股权控制链计算，为所有权与控制权之差
LEV	公司财务杠杆	资产负债率：负债总额与资产总额的比值
TAR	公司有形资产	有形资产率：有形资产与资产总额的比值
NPR	公司盈利能力	净利润与营业收入的比值
CMAR	公司发展能力	期末股东权益与期初股东权益的比值
CFPS	公司资金实力	净现金流量与总股本的比值
BM	公司市场表现	账面价值与市场价值的比值
SIZE	公司规模	公司销售收入的对数

三　研究模型

我们构建以下模型验证研究假设1、假设2及假设3。在模型中，因变量SC表示股权特征，包括股权集中度、股权制衡度等方面，模型中自变量PRACTICE表示是否进入代际传承实施期。

$$SC_{it} = \beta_1 PRACTICE_{it} + \beta_2 LEV_{it} + \beta_3 TAR_{it} + \beta_4 NPR_{it} + \beta_5 CMAR_{it} + \beta_6 CFPS_{it} + \beta_7 BM_{it} + \beta_8 SIZE_{it} + \mu_{it} \quad (6-1)$$

我们构建以下模型验证研究假设4、假设5。在模型中，因变量SC表示股权特征，包括第一大股东持股比例、股权集中度两个方面，模型中自变量PRACTICE表示是否进入代际传承实施期，SEX是指继任者性别（继任者性别界定以进入高层的接班人性别为准，如子女同时进入高层，以男性年龄长者为准）。

$$SC_{it} = \beta_1 PRACTICE_{it} + \beta_2 SEPA_{it} + \beta_3 SEPA_{it} \times PRACTICE_{it} + \beta_4 LEV_{it} +$$
$$\beta_5 TAR_{it} + \beta_6 NPR_{it} + \beta_7 CMAR_{it} + \beta_8 CFPS_{it} + \beta_9 BM_{it} + \beta_{10} SIZE_{it} + \mu_{it}$$
$$(6-2)$$

第三节　实证检验与分析

一　描述性统计

本书样本 162 家进入代际传承实施期的前后五年分布在 1999 年至 2016 年区间，这些样本约八成以上来自制造业，样本的行业分布如表 6-2 所示。

表 6-2　　　　　　　　　　样本的行业分布

行业代码	行业名称	样本数量	比例（％）
A	农林牧渔业	4	2.47
B	采矿业	2	1.20
C	制造业	135	83.30
D	电力、燃气及水的生产和供应业	1	0.62
E	建筑业	3	1.85
F	批发和零售业	6	3.70
G	交通运输、仓储和邮政业	1	0.62
I	信息传输、软件和信息技术服务业	2	1.23
-	其他	8	5.01
合计		162	100.00

有三成以上的家族上市公司仅给子女安排董事职务，为了能让子女更加深入企业，创始人一般情况下安排子女进高层管理团队。样本进入代际传承实施期的年份分布如表 6-3 所示，可以看出传承前准

备年限已有十年之久的有十二家,占比7.4%,它们或是传承谨慎或是传承困难比较大。由表6-3还可以看出,2009年后已经进入代际传承实施期且至2016年年底仍处于该时期的公司数比较均衡,说明中国本土家族企业的代际传承正有序地进行。

表6-3 样本进入代际传承实施期的年份

进入代际传承实施期的年份	样本家数	占比（%）
2004	2	1.23
2005	0	0.00
2006	3	1.85
2007	7	4.32
2008	8	4.94
2009	16	9.88
2010	14	8.64
2011	18	11.11
2012	18	11.11
2013	17	10.49
2014	11	6.79
2015	12	7.41
2016	19	11.73
2017	17	10.50
合计	162	100.00

表6-4报告了样本各主要变量的描述性统计。由表可知,41.3%的样本来自进入代际传承实施期之后,第一大股东持股比例均值为35.91%,最大值为61.17%,两权分离度均值为6.397%,营业净利润的均值为10%等。将样本分为进入代际传承实施期前以及进入代际传承实施期后两组,对两组变量均值进行t检验,报告见表6-5。

表6-4 样本各主要变量的描述性统计

变量	MEAN	p50	SD	MAX	MIN
PRACTICE	0.413	0.0000	0.4930	1.000	0.00000
LS	35.910	34.450	12.7000	61.170	16.65000
Herfindahl_3	0.166	0.1450	0.0970	0.382	0.04300
S	25.750	25.5000	11.5000	47.370	6.76200
SEPA	6.397	2.6910	7.7600	22.980	0.00000
LEV	0.375	0.3640	0.1960	0.727	0.08000
TAR	0.948	0.9600	0.0430	0.995	0.83100
NPR	0.100	0.0830	0.0780	0.285	0.00100
CMAR	1.378	1.0840	0.6710	3.471	0.96300
CFPS	0.258	0.0180	1.0780	3.393	-1.25500
BM	0.666	0.5590	0.4270	1.784	0.18100
SIZE	20.840	20.8300	1.1720	23.090	18.70000

从表6-5来看，两组的第一大股东持股比例均值有显著差异，显著性水平为1%。除此以外，赫芬达尔指数均值在5%的显著性水平上有显著下降。这说明进入代际传承实施期后的股权比例发生了稀释。我们还看到，进入代际传承实施期后拥有更低的资产负债率以及更高的销售规模，但现金流指标质量出现下降。

表6-5 主要变量的分组检验

变量	进入实施期前 样本	均值	标准差	进入实施期后 样本	均值	标准差	组间差异 平均差异	T值
LS	493	36.970	12.990	527	33.904	12.340	3.066	2.59***
Herfindahl_3	493	0.173	0.099	527	0.158	0.094	0.015	2.41**
S	493	24.960	11.000	527	26.480	11.920	-1.520	-2.11**
SEPA	484	6.670	7.530	522	6.150	7.970	0.520	1.07
LEV	501	0.388	0.198	526	0.360	0.192	0.028	2.14**
TAR	501	0.950	0.039	526	0.940	0.045	0.010	3.10***

续表

变量	进入实施期前			进入实施期后			组间差异	
	样本	均值	标准差	样本	均值	标准差	平均差异	T值
NPR	497	0.096	0.076	526	0.102	0.078	-0.006	-1.25
CMAR	499	1.430	0.72	526	1.330	0.620	0.100	2.27**
CFPS	501	0.360	1.13	526	0.160	1.000	0.200	2.99***
BM	403	0.647	0.41	420	0.653	0.420	-0.006	-0.20
SIZE	489	20.640	1.22	519	21.020	1.096	-0.380	-5.22***

二 股权集中度的检验

进入代际传承实施期后家族上市公司第一大股东持股比例检验。表6-6估计了检验的结果。首先为第一大股东持股比例与是否进入代际传承实施期两个变量间及部分控制变量的回归，模型二加入公司规模等控制变量再次回归。模型三和模型四展现了前三大股东的赫芬达尔指数的检验表。

从检验结果看，首先看模型一，系数为-4.232且在1%的显著性水平上显著（第一列），进入代际传承实施期后的家族企业第一大股东持股比例下降，后将公司规模、公司市值等指标加入模型后，二者的负相关关系仍然在1%的显著性水平上显著（第二列，相关系数为-3.572），验证假设1。

这说明进入代际传承实施期后，家族上市公司的第一大股东持股比例下降，控制家族减持了手中股权，尽管减持并非一定动摇家族的控制地位，但也将削弱集中股权下的创始人权威。与理论分析一致。

表6-6　　　　　　　　股权集中度的检验

变量	(1) LS	(2) LS	(3) Herfindahl_3	(4) Herfindahl_3
PRACTICE	-4.232*** (-9.73)	-3.572*** (-7.48)	-0.0339*** (-10.02)	-0.0287*** (-7.78)

续表

变量	(1) LS	(2) LS	(3) Herfindahl_3	(4) Herfindahl_3
LEV	3.204 (1.59)	6.575*** (2.76)	0.0205 (1.32)	0.0465** (2.53)
TAR	36.75*** (6.14)	42.74*** (7.00)	0.265*** (5.69)	0.331*** (7.01)
NPR	10.11** (2.57)	17.36*** (4.23)	0.116*** (3.81)	0.162*** (5.13)
CMAR	-0.710** (-2.42)	0.516 (1.08)	-0.00401* (-1.76)	0.00522 (1.42)
CFPS		-0.620** (-2.30)		-0.00455** (-2.18)
BM		2.503*** (3.54)		0.0221*** (4.04)
SIZE		-0.584* (-1.95)		-0.00484** (-2.10)
上市年份	控制	控制	控制	控制
行业	控制	控制	控制	控制
_cons	2.555 (0.43)	1.352 (0.15)	-0.0767* (-1.65)	-0.103 (-1.48)
N	1015	953	1015	953
R^2	0.17	0.22	0.18	0.25

注：*、**、***分别代表在10%、5%和1%的显著性水平上显著，括号内是T值。

控制家族通常通过金字塔方式持有上市公司股份。比如由家族出资成立一个集团投资公司，再由这个集团投资公司控股上市公司。控制家族与上市公司间形成金字塔控制的方式，是上市公司实际控制人。家族上市公司的第一大股东持股比例下降，就是指集团投资公司持有的上市公司股份下降，显然，集团投资公司所持有的股份比例下降是控制家族的意志反映，代际传承时期关系治理机制的演进，关键是给规则更好的扎根环境。由于背后的家族威慑作用,集团投资公司过于集中的股权并不利于权威信任机制的打破,进而延缓关系治理机制的演进。而稀释的股份最大可能是用于激励和吸引优秀的非家族成员,获得人力资本,利用非家族成员推进规则信任关系治理机制的建立,创造良性循环的开端。

再来看前三大股东的赫芬达尔指数检验。从检验结果看,系数为 -0.0339 且在 1% 的显著性水平上显著(第三列),进入代际传承实施期后的家族企业前三大股东的持股比例平方和下降,后将公司规模、公司市值等指标加入模型后,二者的负相关关系仍然在 1% 的显著性水平上显著(第四列),相关系数为 -0.0287。验证假设 2。

这说明进入代际传承实施期后,家族上市公司的前三大股东的持股比例平方和显著下降,进一步证明家族企业的股权集中度下降,与理论分析一致。

这部分是因为第一大股东持股比例的下降,同时也提示了股权稀释的可能去向。第一大股东股权的稀释可能并不是流向了中大型股东,即家族企业的股权在控制家族的主导下越来越分散。这从一个侧面表明控制家族稀释股权的目的是配合自身治理机制演进,拿出部分股份用于股权激励,稀释的股权很可能流向更小的股东手中。对控制家族而言,一方面关系治理机制演进过程中的风险通过降低股权集中度得以分散;另一方面出让部分股权利于调动优秀非家族成员的积极性,对于规则信任体系的建立有积极作用。

三 股权制衡度的检验

是否进入代际传承实施期与股权制衡度的检验。表 6-7 报告了第二大股东至第十大股东持股比例之和与是否进入代际传承实施期两个变量间的三次回归结果。

表6-7　　　　　　　　　　S指数的检验

变量	(1) S	(2) S	(3) S
PRACTICE	-1.623*** (-3.12)	-1.552*** (-3.06)	-1.798*** (-3.22)
LEV		-13.43*** (-6.08)	-8.877*** (-3.25)
TAR		-4.372 (-0.62)	-3.868 (-0.54)
NPR		26.09*** (5.76)	18.22*** (3.83)
CMAR			3.574*** (6.25)
CFPS			-0.634* (-1.95)
BM			0.403 (0.48)
SIZE			0.536 (1.58)
上市年份	控制	控制	控制
行业	控制	控制	控制
_cons	27.66*** (34.23)	33.84*** (4.88)	11.94 (1.18)
N	1019	1015	953
R^2	0.02	0.11	0.18

注：*、**、***分别代表在10%、5%和1%的显著性水平上显著，括号内是T值。

从检验结果看，首先是否进入代际传承实施期单独进入模型，系数为-1.623且在1%的显著性水平上显著（第一列），初步验证假设3，进入代际传承实施期后的家族企业第二大股东至第十大股东的持股比例之和下降，后又将公司杠杆、公司盈利能力等指标加入模型后，二者的负相关关系仍然在1%的显著性水平上显著（系数为-1.552，第二列），再加入公司发展能力以及资金实力等因素后，二者的相关系数为-1.798，且在1%的显著性水平上显著。验证假设3。

这说明，与进入代际传承实施期前相比，进入代际传承实施期后的家族企业第二大股东至第十大股东的持股比例之和下降，股权制衡度有所降低。与理论分析一致。

这有两个可能的原因。第一，再次验证股权稀释的可能的去向，即控制家族稀释的股份并没有流向中大型股东，第二大股东至第十大股东的持股比例之和呈现显著下降的趋势。控制家族稀释股份的本意并非在增强股权制衡度上，而在于如何顺利应对关系治理机制演进的关键时期。第二，外部股东的行为并不受社会情感财富目标的引导，其对家族企业内部发生的治理机制演进参与程度较低，家族企业代际传承的高失败率，以及接班人能力的不确定性，都将直接导致这一时期家族企业的高风险性。从而在家族企业进入代际传承实施期后，股票市场对家族企业的投资价值评估可能降低，为了规避风险中大型股东容易做出出售手中股权的决策。

四 调节作用检验

两权分离度的调节作用检验。表6-8报告了两权分离度的调节作用。

从检验结果看，调节变量单独进入模型检验，得到两者的相关系数为0.197，且在1%的显著性水平上显著（第一列），初步验证假设4，进入代际传承实施期后的家族企业第一大股东持股比例降低幅度受到两权分离度的干扰，后又将公司规模、公司盈利能力及公司市值等指标加入模型后，二者的正相关关系仍然在1%的显著性水平上显著（系数为0.168，第二列），验证假设4。

同样地，两权分离度对于前三大股东赫芬达尔指数调节作用检验也表现为显著干扰作用。调节变量单独进入模型检验,得到两者相关系数在1%显著性水平上显著(第一列),初步验证假设5,进入代际传承实施期后家族企业前三大股东的持股比例之和降低幅度受到两权分离度的干扰,后又将公司规模、公司盈利能力及公司市值等指标加入模型后,二者的正相关关系仍然在1%的显著性水平上显著,验证假设5。

这说明两权分离度对进入代际传承实施期后的家族企业股权集中度起到干扰作用,两权分离度越高,进入代际传承实施期后的家族企业股权集中度下降幅度越小。与理论分析一致。

表6-8　　　　　　　　两权分离度调节作用检验

变量	(1) LS	(2) LS	(3) Herfindahl_3	(4) Herfindahl_3
PRACTICE	-5.654*** (-10.39)	-4.934*** (-8.70)	-0.0438*** (-10.37)	-0.0372*** (-8.49)
SEPA	0.409*** (7.12)	0.323*** (5.87)	0.00327*** (7.34)	0.00263*** (6.21)
PRACTIECE * SEPA	0.197*** (3.80)	0.168*** (3.45)	0.00121*** (3.02)	0.000954** (2.54)
LEV		5.606** (2.45)		0.0393** (2.23)
TAR		32.83*** (5.49)		0.256*** (5.54)
NPR		11.58*** (2.86)		0.111*** (3.56)
CMAR		0.518 (1.11)		0.00528 (1.46)
CFPS		-0.702*** (-2.68)		-0.00521** (-2.57)

续表

变量	(1) LS	(2) LS	(3) Herfindahl_3	(4) Herfindahl_3
BM		2.298*** (3.30)		0.0198*** (3.68)
SIZE		-0.561* (-1.92)		-0.00468** (-2.08)
上市年份	控制	控制	控制	控制
行业	控制	控制	控制	控制
_cons	35.08*** (14.98)	9.280 (1.05)	0.156*** (8.79)	-0.0424 (-0.62)
N	1006	942	1006	942
R^2	0.20	0.28	0.21	0.30

注：*、**、***分别代表在10%、5%和1%的显著性水平上显著，括号内是T值。

这是由于不同两权分离度下控制家族治理效应差异造成的。首先，关系治理机制演进主导者为创始人，创始人管理理念深入关系治理机制演进各个方面。创始人对于样本公司在整个集团的战略定位，关乎到其在传承过程中对待样本公司的态度。其次，两权分离度指标体现创始人对样本公司的战略定位。两权分离度低的样本公司通常是控制家族集团企业的实体，创始人也追求样本公司成功传承，更配合做出股权稀释等举措，以便关系治理机制更顺利演进，继任者更顺利经营。而两权分离度高的样本公司情况就有所不同，样本公司是否能成功传承可能并不重要。最后，两权分离度高低直接体现控制家族取得样本公司控制权的形式。两权分离度较高的控制家族原本就持有较低的现金流权，若再进行减持则可能面临被他人并购的风险，因而，传承时期两权分离度对样本公司的股权稀释幅度起到一定的负向调节作用。

五 稳健性检验

(一) 回归效应的稳健性检验

1. 利用实际控制人的控制权做替代指标检验。由于内地家族企业普遍存在金字塔控股形式,即通过控股第一大股东实现对上市公司的控制 (苏启林、朱文,2003),仅用第一大股东的持股比例反映家族股权特征变化还不完整,还应考察控制家族的控制权。所以选用控制家族作为实际控制人的控制权 (CON) 进行替代性检验。控制家族的控制权是指实际控制人与上市公司股权关系链或若干股权关系链中最弱的一层或最弱的一层的总和,该指标越低实际控制人的相对控制权越低。

表 6-9　　稳健性检验 (一)

变量	(1) CON	(2) CON	(3) CON
PRACTICE	-4.229*** (-8.54)	-3.690*** (-7.33)	-3.595*** (-6.36)
LEV		6.758*** (2.88)	5.379* (1.93)
TAR		42.49*** (6.20)	50.41*** (7.03)
NPR		14.84*** (3.20)	13.53*** (2.72)
CMAR		-0.227 (-0.68)	0.838 (1.46)
CFPS			-0.566* (-1.76)
BM			1.798** (2.12)

续表

变量	(1) CON	(2) CON	(3) CON
SIZE			0.156 (0.44)
上市年份	控制	控制	控制
行业	控制	控制	控制
_cons	40.16*** (14.38)	-5.679 (-0.75)	-18.39* (-1.72)
N	989	986	926
R^2	0.09	0.14	0.17

注：*、**、***分别代表在10%、5%和1%的显著性水平上显著，括号内是T值。

是否进入代际传承实施期与控制家族的控制权检验，表6-9报告了检验结果。检验结果表明控制家族的控制权在进入代际传承实施期后也发生了显著的下降，相关系数-3.595，显著性水平为1%。这与理论分析一致，也验证了家族企业控制权稀释的现象。

2. 四年短面板检验。受到本土家族企业进入代际传承实施期的时间以及上市时间的限制，样本存在一定的数据缺失情况，因而，采用进入代际传承实施期前后四年的数据进行了稳健性检验。在降低数据缺失率的基础上，重新对研究假设进行检验。检验结果如表6-10所示，进入代际传承实施期后的家族企业第一大股东的持股比例显著下降，相关系数为-3.377，显著性水平为1%（第二列），前三大股东的持股比例平方和显著性下降，相关系数为0.0268，显著性水平为1%（第四列），第二大股东至第十大股东持股比例显著下降，相关系数为-1.532，显著性水平为1%（第六列），通过稳健性检验。

第六章 代际传承与股权安排的实证检验

表6-10 稳健性检验（二）

变量	(1) LS	(2) LS	(3) Herfindahl_3	(4) Herfindahl_3	(5) S	(6) S
PRACTICE	-3.776***	-3.377***	0.0305***	0.0268***	-1.139**	-1.532***
	(-8.85)	(-7.38)	(-9.31)	(-7.65)	(-2.21)	(-2.73)
LEV	3.762*	6.522**	0.0206	0.0437**	-14.12*	-10.35***
	(1.80)	(2.57)	(1.29)	(2.25)	(-6.00)	(-3.44)
TAR	30.71***	40.63***	0.198***	0.303***	-9.439	-7.412
	(4.71)	(6.24)	(3.95)	(6.09)	(-1.23)	(-0.92)
NPR	8.069*	17.63***	0.101***	0.158***	24.39***	17.17***
	(1.92)	(4.08)	(3.11)	(4.77)	(4.97)	(3.29)
CMAR		0.409		0.00378		3.014***
		(0.81)		(0.98)		(4.76)
CFPS		-0.546**		-0.00384*		-0.532
		(-1.99)		(-1.83)		(-1.52)
BM		2.092***		0.0182***		1.011
		(2.78)		(3.16)		(1.07)

· 151 ·

续表

变量	(1) LS	(2) LS	(3) Herfindahl_3	(4) Herfindahl_3	(5) S	(6) S
SIZE		-0.728**		0.00618**		0.538
		(-2.20)		(-2.44)		(1.39)
上市年份	控制	控制	控制	控制	控制	控制
行业	控制	控制	控制	控制	控制	控制
_cons	7.114	7.092	-0.0185	-0.0408	38.59***	16.09
	(1.10)	(0.72)	(-0.37)	(-0.54)	(5.09)	(1.41)
N	862	804	862	804	862	804
R²	0.16	0.24	0.17	0.26	0.10	0.15

注：*、**、*** 分别代表在10%、5%和1%的显著性水平上显著，括号内是 T 值。

（二）调节作用检验

我们还对两权分离度对股权集中度的调节作用进行了检验。利用进入代际传承实施期前后四年的短面板对调节作用再次进行了检验。检验结果如表6-11所示，检验结果表明，进入代际传承实施期后，两权分离度对股权集中度下降幅度仍然存在显著的干扰作用，稳健性检验通过。

表6-11　　　　　　　稳健性检验（三）

变量	(1) LS	(2) Herfindahl_3
PRACTICE	-4.510*** (-8.22)	-0.0337*** (-8.03)
SEPA	0.276*** (4.74)	0.00227*** (5.10)
PRACTICE*SEPA	0.132*** (2.75)	0.000689* (1.88)
LEV	5.951** (2.43)	0.0397** (2.12)
TAR	30.17*** (4.69)	0.224*** (4.56)
NPR	10.89** (2.54)	0.0995*** (3.04)
CMAR	0.346 (0.71)	0.00332 (0.90)
CFPS	-0.562** (-2.12)	-0.00397** (-1.96)
BM	1.703** (2.26)	0.0143** (2.48)
SIZE	-0.705** (-2.15)	-0.00574** (-2.29)

续表

变量	（1） LS	（2） Herfindahl_3
上市年份	控制	控制
行业	控制	控制
_cons	16.09 (1.64)	0.0226 (0.30)
N	796	796
R^2	0.28	0.29

注：*、**、***分别代表在10%、5%和1%的显著性水平上显著，括号内是T值。

第四节 股权安排结果：稀释股权释放治理空间

本土家族企业自创立以来，股权就高度集中在创始人及其家族成员手中。行为代理理论认为与未来的收益相比，人们更关心目前的损失（Wiseman and Gomez-Mejia，1998），家族并非开始就愿意稀释股权。随着家族企业的不断发展壮大，融资需求、人力资本建设等瓶颈接踵而至，当企业面临生死存亡的时刻，即社会情感财富将随企业的经营失败而消失时，家族对控制的观点将发生改变，家族会做出上市、重用非家族成员等一系列稀释控制权的决策。

代际传承就是这样一个特殊时期，预期的权杖交接将改变家族企业原有的发展轨迹。随着年龄的增长，创始人离开企业是不可避免的，但创始人并不是普通员工，对家族企业来说，创始人是极具专用性资产的管理者，创始人离开在很大程度上意味着家族企业诞生以来一直依靠的创始人关系网断裂，七成以上的家族企业代际传承以失败结束，创始人如何做出更充分的代际传承准备？创始人经营时期的基于权威信任关系治理机制不适应接班人经营时期，代际传承前若干年家族企业的治理机制应积极调整。正如之前阐述，代际传承时期的中国家族企业治理机制本质上是权威信任关系治理向规则信任关系治理的演进，是权威渐进让位于规则的过程。

控制家族进入代际传承实施期后，关系治理机制的演进也正式提上日程，而股权稀释是权威渐进让位于规则的标志。股权过分集中于控制家族手中时，权威地位无法削弱，规则也很难渗透，股权稀释成为家族企业必然的选择。实践中家族企业在进入代际传承实施期的当年或次年发生股权的稀释，股权稀释为关系治理机制演进释放了制度空间，引入规则弥补权威信任关系治理机制的治理缺失，利用规则解决权威信任关系治理机制的瓶颈问题。因而，关系治理机制演进的关键一步即为股权的稀释。

接下来是稀释股权的去向问题，股权稀释到谁的手中是比较核心的问题。若股权稀释到中大型股东手中，必然提高股权的制衡度，加强了其他股东对控制家族的决策制衡，控制家族决策将受到外部公司或机构的干预，甚至包括家族的代际传承实施战略。这会直接损害控制家族的社会情感财富，尽管提高股权制衡度有可能促进规则的强行介入，有利于推进治理机制的变革，但却与控制家族关系治理机制演进初衷并不一致，控制家族并不想失去主动地位，这是控制家族不能接受的，因此控制家族不会将股权稀释给中大型股东。

控制权稀释给非家族成员对控制家族最为有利。第一，吸引留住人才。股权对非家族成员的激励作用大，同时，股权激励表明控制家族对非家族成员的认可，拥有技术及管理能力的非家族成员更容易建立对企业的归属感。第二，有利于建立规则信任，与家族成员不同，非家族成员的管理不受家族关系网的牵制，对规则的引入与执行比较有力度，同时由于非家族成员所持有的股份少，一般难以对控制家族的地位造成威胁。

权威信任向规则信任的关系治理机制演变为大势所趋，创始人终究将离开企业，而接班人无论怎样都无法完全继承创始人专用性资产，治理机制演变是必然。同时该演变过程不是一蹴而就的，顺应演变促进规则信任对权威信任的替代是家族企业较为明智的决策，而家族企业过分集权将成为绊脚石，由此说来，股权稀释是关系治理机制演进中首要的工作。

第五节 本章小结

本章分析了家族企业代际传承时期的股权安排，重点对代际传承实施期前后的股权特征进行了实证检验，得到以下结论。

第一，进入代际传承实施期后，第一大股东的持股比例下降，同时前三大股东的赫芬达尔指数显著下降。这说明进入代际传承实施期后，股权集中度下降，股权发生稀释。创始人经营时期，股权高度集中发挥了不可替代的作用，创始人以此树立了绝对权威，创始人权威利于家族企业快速扎根。然而依赖创始人权威的管理模式随代际传承的到来而遭遇挑战，考虑到接班人并不能完全继承这种权威，股权过于集中必然成为阻碍代际传承的绊脚石。稀释部分股权为借助外力创造制度条件是家族企业代际传承时期的一项重要财务安排。

第二，进入代际传承实施期后控制家族的股权制衡度发生了显著下降。控制家族稀释的股份并没有流向中大型股东，第二大股东至第十大股东的持股比例之和呈现显著下降的趋势。外部股东对进入代际传承时期的家族企业风险估计较高，家族企业代际传承的高失败率，以及接班人能力的不确定性，都将直接导致这一时期家族企业的高风险性。中大型股东对家族企业内部发生的治理机制演进参与程度较低，直接导致其做出减持决策。

第三，两权分离度影响家族企业代际传承的进程。两权分离度越高，控制家族稀释股权的幅度越下降。因为两权分离度影响样本公司在控制家族集团中的地位。创始人特别看重处于控制家族集团中心的样本公司，这样的公司往往两权分离度比较低。因而在代际传承的特殊时期，关系治理机制顺利演进对两权分离度相对低的样本公司更重要。创始人需要根据两权分离度的特征，来掌握股权稀释的幅度，以维护整个家族的有利地位。

家族企业诞生于复杂的家族关系网中,权杖交接意味着关系网的重新梳理,代际传承时期企业内部的运行风险增大,显然降低外部风险是家族企业较稳健的决策。将部分控制权出让给优秀的管理者,有利于打造以接班人为核心的管理团队,为顺利传承凝聚人力资本。上述结论为解释家族企业股权稀释现象提供证据。

由此,得到如下启示。

第一,家族企业股权稀释不应仅从财务杠杆、业绩及市值等一般企业股权稀释因素解释,代际传承时期关系治理机制演进需要是家族企业股权稀释的又一原因。基于企业层面的准备即财务事前安排解释了家族企业这一特殊行为背后的逻辑,延续社会情感财富的强烈愿望寄托在代际传承之上,调整股权结构赢得控制权稀释优势顺利传承是控制家族的最终目标。

第二,社会情感财富理论解释了家族虽然稀释股权却仍坚守控制底线的原因,也回答了家族企业试图建立规则信任关系治理机制而不是彻底打破关系治理机制框架的原因。家族稀释股权以不失去控制地位为前提,进入代际传承实施期后第一大股东的持股比例均值仍超过30%,控制家族的控制权均值超过30%,家族还保持控股地位。这不同于一般企业股权稀释的行为,表明家族是有计划地实施股权稀释,这是因为失去控制权,家族社会情感财富将无从谈起。

股权安排是家族企业治理的重要问题,初创时股权通常集中在家族内部。如果说上市是家族股权的首次稀释,是为股权融资且在政策指导下的稀释,进入代际传承实施期后家族股权又一次大规模地稀释,该次稀释是为赢得分散优势由家族主导的、有计划的稀释,目的是为规则信任关系治理机制的建立。家族股权何时再发生大规模稀释以及稀释原因值得进一步跟进,这些研究将有利于充实家族企业控制权理论。

第七章 代际传承与债务融资安排的实证检验

控制家族为了顺利进行传承，通过稀释手中股权给管理层，分散风险，凝聚新的管理团队，这是配合代际传承时期关系治理机制演进所做的股权安排，但仅有控制权层面的考虑还不够，还需要配合其他战术层面的策略，如管理权的稀释，聘请具有丰富职业经历的外籍职业经理人帮助其引入先进管理理念提升国际竞争力；在董事会规模不变的情况下新增独立董事；内部提拔共同创业元老担任副董，安排非家族成员进入董事会，进入代际传承实施期后更大范围地引入新的管理智囊。除此以外，还有接下来两章将谈到的债务融资安排以及投资安排等财务活动安排，首先来研究代际传承时期家族企业在债务融资方面的具体安排。

债务融资是家族企业主要的融资方式。家族企业往往规模较小，不易达到上市的基本要求，仅有部分规模较大的家族企业有机会利用股权融资的市场。但是由于股权融资损害控制家族的社会情感财富，一般来说，相对于股权融资家族企业更偏向债务融资（Croci et al.，2011），也就是说，家族企业在需要向外部吸收资金时通常优选债务融资，而不选择股权融资。可见，债务融资是家族企业财务行为研究的焦点。

举债作为企业基本的财务行为，是财务政策调整的反映，也是家族企业配合代际传承时期关系治理机制演进的重要战术支持。研究者已经发现家族企业在权力正式移交前后,债务特征会发生显著改变。Molly 等(2010)通过收集欧洲 152 家中小企业的面板数据,研究了企业传承后负债率和业绩的变化问题,发现第二代接班后企业负债水平出现了下降,而 Amore 等(2011)对职业经理人接任后的负债政策进行检验后却发现传承后负债水平比之前上升了 6.5%。可见,传承给谁与家族企业负债水平有显著关系。但已有研究对权力正式交接前期的企业债务特征关注不多,然而正式交接前若干年是家族企业各种制度安排的关键时期,本章将研究聚焦在代际传承前债务融资是如何支持关系治理机制演进的,并以中国本土正处于代际传承实施期的家族企业债务数据进行验证。

第一节 代际传承与债务融资安排

国外经验已经表明代际传承难度很大,如 Birley(1986)发现约 30% 的家族企业能够传承到第二代,而能传承到第三代的家族企业却不到 10%。Molly 等(2010)研究显示企业在代际传承后会出现成长率下滑现象,Fan 等(2007)发现新加坡家族企业在接力棒交给下一代的四年后公司价值损失幅度达 18%。家族企业代际传承可视为一种特殊合约,是企业创始人等上一代将家族企业产权或权力移交给下一代的行为过程。所有权转移过程中存在专用性资产转移带来的事后失调,即事后成本(Williamson,1979),Fan 等(2012)指出创始人专用性资产难以完全传承,事后成本关系到传承的成败。

交易成本理论认为事后成本主要来自专用性资产转移,主要表现为契约不能适应所导致的成本、建构及营运成本、调整适应不良的讨价还价成本以及为解决双方的纠纷与争执而必须设置的相关成本(Williamson,1985)。创始人专用性资产转移使企业运行环境发生较大变化,若传承逐渐偏离原来的方向,就会产生传承双方不适应的成本。一方面后代很难完全继承创始人专用性资产;另一方面失去团队、企业互动环境的创始人出现迟迟不愿退位或即使退位却仍然喜爱干涉企业事务的现象(Handler,1994),错综复杂的亲属网或准家族成员关系都会增加事后讨价还价的成本,建立各种治理结构(制度或机构)保障传承后的家族企业的正常运转,也需要付出成本。

但事后成本与事前成本是相互依存而不是彼此割裂的,通过"未雨绸缪"来组织各种交易非常必要(Williamson,1985)。交易双方如果事前能进行充分考虑,则可以事先解决部分问题降低事后成本,因此代际传承前的制度安排理应引起重视,关系治理机制演进是家族企业层面的制度安排。正式交接前的企业各项制度设计需为日后应对事后成本做出准备。

已有文献通常基于传承计划的视角研究代际传承前的制度安排(Morris et al.,1996)。虽然早期的研究者大都将关注焦点放在继承者特质和继承者培养等方面,但是也有学者指出代际传承前的制度安排还应该考虑传承的合法性、传承前的财务行为及退出策略制定等(Ip and Jacobs,2006)。如前文所述,财务是治理机制的核心问题,股权安排是关系治理机制演进过程中具有战略高度的财务安排,除此以外,家族企业财务活动安排也是重要的内容。

就债务而言,保持更低的风险、尊重市场规则应是正式交接前负债制度安排的出发点。代际传承时期家族企业关系治理机制演进将耗费创始人大量精力,增大企业内部运营风险。传承事后成本过大可导致企业发展长期停滞甚至经营失败,家族企业通常根据环境调整自身发展战略、投融资行为及经营决策(陈文婷、李新春,2008),进入代际传承时期的家族企业必然会配合关系治理机制演进而调整债务政策。

控制家族应放弃之前依赖创始人个人网络、个人关系的投机冒险理念，降低运营风险。一般来说，相对于股权融资家族企业更偏向债务融资（Croci et al.，2011），而且当公司预期未来经营具有较强的不确定性时，当下选择的债务规模更低（朱武祥等，2002）。长期借款机制可以有效降低企业经营风险（Grossman and Hart，1981），Anderson 等（2003）指出考虑到家族企业投资具有低风险性，债权人也愿意对家族企业发放长期贷款。借贷双方共同的偏好促成代际传承实施期的债务期限结构特征，进入代际传承实施期后家族企业在债务融资方面将更多地依赖长期负债。绝大多数研究都认为家族企业具有长期视野，代际传承的愿望可能会使得家族企业更加厌恶风险，从而采取保守的资本结构，但即使家族企业整体负债规模已经显著低于非家族企业，进入代际传承期后家族企业也会进一步降低其负债规模，创造更宽松的财务环境。

最重要的是，创始人个人网络、个人关系逐渐被打破，要求家族企业遵循借贷规则。Fan 等（2012）提出家族企业代际传承是关系型契约基础向保持距离型契约基础转变的过程，关系型契约下的融资主要依赖难以量化、检验和传递的软信息，通过银行与创始人建立的长期信任关系获得，而保持距离型契约基础上的融资则以财务报表、资产抵押及资信评估为特点，依据易于编码、量化和传递的硬信息做出。在保持距离型契约基础上银行会严格评判企业以偿债能力为核心的各项指标。因此，只有提高偿债能力才可能在部分失去创始人专用性资产后，通过银行严格的信贷评估规则，满足正常的融资需求。

基于上述分析，提出如下假设：

H1：与尚未进入代际传承实施期相比，进入代际传承实施期后的家族企业资产负债率更低。

H2：与尚未进入代际传承实施期相比，进入代际传承实施期后的家族企业长期债务比重更大。

H3：与尚未进入代际传承实施期相比，进入代际传承实施期后的家族企业流动比率更高。

第二节 研究设计

本部分的研究样本与第六章的相同。取2012年前已经上市且截至2016年12月31日仍正处在代际传承实施期的家族上市公司作为研究样本,剔除关键自变量缺失年份后最终获得了162个家族上市公司的非平衡面板数据,研究数据来自国泰安数据库。

研究变量如下。

(1) 债务特征

从负债规模、债务期限结构及短期偿债能力三个角度观察债务特征(DC)。用资产负债率(LEV)衡量负债规模,用长期债务比重(LTDR)衡量债务期限结构,用流动比率(LR)衡量短期偿债能力。

(2) 代际传承实施期

以子女进入高层管理团队或董事会的年份作为企业进入代际传承实施期的标志,是否进入代际传承实施期(PRACTICE)作为虚拟变量。家族企业进入代际传承实施期取值为1,尚未进入代际传承实施期取值为0。

(3) 继任者特征

继任者特征变量。选取继任者年龄(AGE)与继任者性别(SEX)两个变量衡量。遇有多个子女进入高层管理团队的,根据传统家族价值观选取男性年长者作为继任者观察。

(4) 其他控制变量

结合前人对债务特征的研究(Rajan and Zingales,1995),采用以下指标作为控制变量。公司控制权特征(CON),采用家族的控制权比例衡量;公司有形资产规模(TAR),采用有形资产比例反映;公司盈利能力(NPR),采用营业净利润率表示;公司市场表现（BM），采用公司账面价值与市场价值的比值反映；公司规模（SIZE），采用销售收入的对数衡量。同时还选取上市年份、行业作为控制变量。

表 7-1　　　　　　　　　　变量定义

变量符号	变量名称	变量描述或计算方法
DC	债务特征	负债规模：LEV 表示资产负债率，公司负债总额与资产总额的比例。 债务期限结构：LTDR 表示长期债务比重，公司长期债务与负债总额比值。 短期偿债能力：LR 表示流动比率，公司流动资产与流动负债的比值
PRACTICE	代际传承实施期	虚拟变量：表示企业是否进入代际传承实施期，如果进入定义为1，否则为0
CON	公司控制权特征	控制权比例：控制家族的表决权
TAR	公司有形资产规模	有形资产率：有形资产与资产总额的比值
NPR	公司盈利能力	净利润与营业收入的比值
CMAR	公司发展能力	期末股东权益与期初股东权益的比值
CFPS	公司资金实力	净现金流量与总股本的比值
BM	公司市场表现	账面价值与市场价值的比值
SIZE	公司规模	公司销售收入的对数
SEX	继任者性别	虚拟变量：继任者是女性为1，否则为0
PFAGE	创始人年龄	进入代际传承实施期时创始人的年龄

第三节　实证检验与分析

一　描述性统计

表 7-2 报告了各样本尚未进入代际传承实施期与进入代际传承实施期后的主要变量均值。

表7-2　　　　　　　　各主要新增变量描述性统计

变量	MEAN	P50	SD	MAX	MIN
LEV	0.3750	0.36400	0.195	0.727	0.0800
LTDR	0.0830	0.00600	0.121	0.395	0.0000
LR	2.8910	1.95800	2.402	9.933	0.7440
CON	41.5800	40.69000	15.320	70.270	17.7100
SEX	0.2420	0.00000	0.428	1.000	0.0000
PFAGE	58.5200	58.00000	5.308	75.000	47.0000

由表7-2可知，样本企业的资产负债率均值为37.5%，平均的长期负债比重为8.3%，而且样本企业拥有较高的偿债能力，流动比率均值为2.891；24.2%的样本公司潜在的继任者为女性；创始人平均58.52岁时进入代际传承实施期。另外，由各变量的相关系数检验得知各变量间不存在严重的相关关系。

二 债务特征指标检验

进入代际传承实施期后家族上市公司债务特征的检验。表7-3估计了检验的结果。

模型1展现了负债规模在进入代际传承实施期前后的变化情况，从检验结果看，进入代际传承实施期后的家族企业的负债规模下降（第一列，显著性水平5%），验证假设1。有形资产比率、营业净利润率与负债规模显著负相关，我们还可看到，继任者性别与创始人年龄等特质性因素与负债规模没有显著关系。

表7-3　　　　　　　　债务特征的实证检验

变量	(1) LEV	(2) LTDR	(3) LR
PRACTICE	-0.0142** (-2.05)	0.0202*** (2.69)	0.284*** (2.59)

续表

变量	(1) LEV	(2) LTDR	(3) LR
CON	0.000502 (1.37)	0.000132 (0.36)	0.00580 (0.98)
TAR	-0.419*** (-4.73)	-0.175* (-1.81)	12.19*** (8.76)
NPR	-0.261*** (-4.41)	0.0389 (0.62)	5.669*** (6.07)
CMAR	-0.0572*** (-8.24)	-0.0126 (-1.62)	0.685*** (6.31)
CFPS	0.0247*** (6.18)	0.0129*** (2.86)	-0.0725 (-1.16)
BM	0.0895*** (8.87)	0.0162 (1.47)	0.00772 (0.05)
SIZE	0.0230*** (5.65)	0.0193*** (4.53)	-0.333*** (-5.14)
SEX	0.00765 (0.40)	0.00794 (0.48)	0.0942 (0.29)
PFAGE	0.000324 (0.21)	0.000964 (0.74)	0.0105 (0.41)
上市时间	控制	控制	控制
行业	控制	控制	控制
_cons	0.439*** (2.88)	-0.191 (-1.27)	-5.783** (-2.33)
N	926	926	926
R^2	0.62	0.14	0.43

注：*、**、*** 分别代表在10%、5%和1%的显著性水平上显著，括号内是T值。

这说明进入代际传承实施期后，家族企业的负债规模下降。家族企业对负债更谨慎，以便为应对传承后各种不确定性问题留下空间，与理论分析一致。

负债规模下降是财务行为配合关系治理机制演进的体现，或者也可以说是家族企业这一特殊时期债务融资政策的具体特征。从检验结果看，家族企业选择了更低的负债规模，尽管这样做可能会降低企业的发展速度，但更低的负债可以降低家族企业的运行风险，关系治理机制演进意味着家族企业内部管理方式的重大变革，由关系型契约基础向保持距离型契约基础转变，借贷需要提供硬的财务指标，遵循规则才能提高融资的成功率，也就是自身财务指标要满足规则的要求。另外，负债规模降低可以缓解接班人的外部压力，有助于接班人的成长。

表7-3还估计了进入代际传承实施期后家族上市公司债务期限结构的检验。从检验结果看，是否进入代际传承实施期与债务期限结构存在显著的正相关关系，即进入代际传承实施期后企业债务期限变得更长，回归系数在1%的显著性水平上显著（第二列），除此之外，公司现金流与公司规模等因素也显著影响债务期限结构指标，验证了假设2。检验结果显示创始人年龄与长期债务比不存在显著的相关关系。

这说明，进入代际传承实施期后家族企业的债务期限结构中，长期负债比例有显著上升，与理论分析一致。

债务期限结构是债务融资政策重要的一部分，长期债务与短期债务比重的内部安排是观察负债特征更深层次的角度。进入代际传承实施期后，控制家族有意识地调高了长期债务的比重。本土家族企业的代际传承过程约九年，即关系治理机制演进的过程很长，长期负债具有低风险的特征，可以有效降低现阶段的财务压力，为关系治理机制演进提供更多空间。实际上，家族企业进入代际传承实施期后，由于更注重社会情感财富目标，调低了财务盈利预期，对资金的需求自然倾向于通过更稳健的方式获取。

表7-3还估计了进入代际传承实施期后家族上市公司流动性水平的检验。从检验结果看，是否进入代际传承实施期显著影响上市公司的流动比率，系数为0.284且在1%的显著性水平上显著（第三

列），进入代际传承实施期后的家族企业的流动比率增加，验证假设3。同上，检验结果显示继任者年龄与流动比率不存在显著的相关关系。这说明，进入代际传承实施期后家族企业的流动性增强，短期偿债能力有显著上升，与理论分析一致。

这是因为在关系治理机制的演进中，以创始人为中心的关系型融资局面逐渐被打破，家族企业与利益相关者间规则执行也构成规则信任体系的一部分，家族企业更需要适应交易型融资的规则，而流动性是银行贷款考核的重要指标。控制家族在进入代际传承实施期后，重视维持更高的流动性，以提高企业应对交易型市场规则的能力。另外，流动性好不仅降低了财务风险，还有助于接班人在重塑银企关系中占据有利地位，是建立规则信任的良好契机。

三 稳健性检验

第一，更换控制变量进行检验。利用净资产收益率（ROA）、第一大股东持股比例（LS）与两权分离度（SEPA）作为衡量公司盈利能力及控制权特征的替代指标。表7-4报告了稳健性检验的结果。仍然显示进入代际传承实施期后，家族企业的负债规模出现显著性下降，长期债务比重显著增加，债务期限延长，流动比率显著增强。

表7-4　　　　　　　　稳健性检验（一）

变量	(1) LEV	(2) LTDR	(3) LR
PRACTICE	-0.0169** (-2.41)	0.0154** (2.01)	0.275** (2.46)
LS	0.000918** (2.09)	-0.000116 (-0.26)	-0.000912 (-0.13)
SEPA	0.000922 (1.30)	0.00102 (1.38)	-0.0100 (-0.87)

续表

变量	(1) LEV	(2) LTDR	(3) LR
TAR	-0.409*** (-4.65)	-0.141 (-1.45)	12.75*** (9.08)
ROA	-0.547*** (-5.01)	-0.203* (-1.69)	6.208*** (3.57)
CMAR	-0.0548*** (-8.03)	-0.00507 (-0.65)	0.731*** (6.78)
CPFS	0.0227*** (5.75)	0.00875* (1.95)	-0.0759 (-1.22)
BM	0.0822*** (7.96)	0.00879 (0.77)	-0.0326 (-0.20)
SIZE	0.0256*** (6.27)	0.0199*** (4.63)	-0.349*** (-5.28)
SEX	0.00596 (0.31)	0.0128 (0.76)	0.122 (0.36)
PFAGE	0.000206 (0.14)	0.000816 (0.62)	0.00985 (0.37)
上市年份	控制	控制	控制
行业	控制	控制	控制
_cons	0.361** (2.36)	-0.213 (-1.39)	-5.248** (-2.05)
N	942	942	942
R^2	0.62	0.14	0.36

注：*、**、***分别代表在10%、5%和1%的显著性水平上显著，括号内是T值。

第二，利用四年短面板检验。表7-5报告了稳健性检验的结果，检验结果表明进入代际传承实施期后家族企业的负债规模、长期债务比重及流动比率等变化方向仍然同前，长期债务比重及流动比率的统计结果仍然具有显著性，负债规模的显著性消失，表明负债规模的特征判定需谨慎。

表 7-5　　　　　　　　稳健性检验（二）

变量	（1） LEV	（2） LTDR	（3） LR
PRACTICE	-0.0106 (-1.53)	0.0173** (2.29)	0.238** (2.12)
CON	0.000581 (1.46)	0.000369 (0.93)	0.00679 (1.04)
TAR	-0.333*** (-3.40)	-0.135 (-1.25)	11.62*** (7.26)
NPR	-0.253*** (-3.96)	0.0918 (1.35)	5.811*** (5.57)
CMAR	-0.0586*** (-7.96)	-0.0155* (-1.84)	0.753*** (6.29)
CPFS	0.0228*** (5.51)	0.0134*** (2.80)	-0.0852 (-1.26)
BM	0.0866*** (7.76)	0.0288** (2.34)	-0.0114 (-0.06)
SIZE	0.0197*** (4.25)	0.0198*** (4.12)	-0.313*** (-4.13)
SEX	0.00347 (0.17)	0.0120 (0.70)	0.192 (0.56)
PFAGE	-0.00000751 (-0.00)	0.00139 (1.03)	0.0177 (0.66)
上市年份	控制	控制	控制
行业	控制	控制	控制
_cons	0.442*** (2.59)	-0.290* (-1.71)	-6.205** (-2.21)
N	781	781	781
R^2	0.61	0.16	0.45

注：*、**、*** 分别代表在 10%、5% 和 1% 的显著性水平上显著，括号内是 T 值。

第四节 债务融资安排结果：稳健负债适应市场规则

债务融资是企业最基本的财务行为，家族企业对股权融资的偏见使得债务融资成为主要的外部渠道。研究表明，家族企业创立早期的资金主要依靠家族内部关系网，家族企业逐步发展壮大时转向依赖创始人创立的社会关系网进行融资。创始人关系网作为创始人专用性资产的主要构成部分，尽管研究认为创始人子女是最大限度地继承创始人专用性资产的人选，但对于创始人关系网的继承非常不确定。当家族企业进入代际传承时期时，债权人与创始人之间建立的信任很难顺利延续至接班人。

显然，代际传承预期的不确定性对于债权人来说并不是利好。创始人即将离开将给已有的债务融资模式带来冲击，关系型融资向交易型融资转变是必然。

由于国内债券市场的限制，债务融资主要反映的是家族企业与银行间的信任关系。接班人不能完全继承创始人关系网，只能依靠市场规则加强信任，这也是关系治理机制演进具体实践中的表现。规则信任体系的建立不仅表现在战略制定方面，还渗透在具体工作决策中。进入代际传承实施期后，家族企业在债务融资方面的改变显示了其遵守市场规则的决心。交易型融资根据财务硬指标做出借贷决策，家族企业调低负债规模，也着手提高流动性，增强偿债能力，增加长期债务的比重，这些决策为适应规则做好充分的准备，负债政策更谨慎不仅可使自身财务风险降低，更重要的是，可以弥补创始人关系网断裂所可能带来的冲击，使家族企业有实力开拓新的合作关系。

按照市场规则构建新的利益相关者关系是继任者接班的一个重要任务，有研究表明，关系型融资下的借款利率不一定是最优的，借助创始人关系建立的关系型融资对家族企业也存在弊端，因此，在关系治理机制演进的关键时期，通过修炼自身内功，提高财务硬指标的能力，做好适应市场规则的准备，也为家族企业提供一次业务重整的机会。

第五节 本章小结

本章检验了进入代际传承实施期后家族企业的债务特征。研究发现：与进入代际传承实施期前五年相比，进入传承实施期后五年表现出更低的资产负债率、更大的长期债务比重与更高的流动比率，验证了代际传承前债务融资安排，与非家族企业不同，代际传承是影响家族企业债务特征的特别因素。

家族企业的债务融资既保持了低风险又为打破关系型融资做好准备。代际传承最大的成本来自专用性资产流失带来的事后适应性治理问题，既然事后成本不可避免，意味着为今后可能发生的事后成本创造一个宽松的债务环境非常必要。因此，进入代际传承实施期后的家族企业债务政策发生了变化，呈现更为保守的低风险债务特征。同样，既然创始人关系网将要退出，如前文所述，接班人即将成为银企关系的中心，重塑银企关系不可避免，遵循借贷规则适应关系型融资向保持距离型融资转变的趋势是建立规则信任体系的具体实践。

由以上结论，本章得到如下三点启示。

第一，家族企业的债务特征与代际传承所处阶段相关。我们研究认为代际传承实施期前后的负债特征具有显著性差异，结合以往研究的正式交接前后债务特征具有显著差异的结论，基本展现了家族企业代际传承全过程的债务特征，为家族企业负债问题研究提供新的理论依据。

第二，应落实债务融资安排。现实中的家族企业对传承前的各项制度安排尤其是财务方面的安排很关心，虽然目前尚无证据证明这样的债务政策安排能在多大程度上促进代际传承，但正处于代际传承实施期的家族企业呈现出具有统计学意义的债务特征不应看作巧合。

第三，将资金贷给正处于代际传承实施期的家族企业风险更低。不同的家族企业甚至是同一家族企业不同时期的信用水平不完全相同。本章的结论则进一步指出，处于代际传承实施期的家族企业会表现出更高的偿债能力。

本章是财务活动如何支持家族企业代际传承的探索研究，发现了家族企业代际传承前举债的规律性特征，这些更具稳健性的特征能够帮助家族企业在传承时期更好地做好适应市场规则的准备。除了债务政策安排外家族企业还在其他财务活动方面进行了调整，如下一章将讲述的投资活动。

第八章　代际传承与投资安排的实证检验

投资也是企业的基本财务行为，而且一直以来家族企业投资特征也是学者们研究的热点。本章将要阐述分析的是传承时期关系治理机制演进背景下的投资安排，代际传承提供了一个研究家族企业投资的新视角。

自 20 世纪 80 年代始，研究者就指出家族企业投资行为不同于非家族企业，最直接的体现是家族拥有绝对的话语权，因而通常根据喜好而不是市场规则判断投资问题（Fama and Jensen，1985），引发了研究者对控制家族与家族企业投资行为关系的研究兴趣。Gompers 和 Lerner（2000）也认为有影响力的股东以自己偏好的投资期限来决策投资项目，同时可能伤害其他股东的利益。Edmans（2009）认为控股股东的存在缓解了管理者压力，进而促使了职业经理人短视投资决策的形成。早期研究认为控制家族对家族企业的投资行为具有非常大的影响作用，而且可能会牺牲别的股东的利益。

尽管以往文献强调投资活动受控制家族的影响，但对于代际传承时期家族企业的投资活动尚未开展更深入的研究。代际传承时期关系治理机制演进的过程中，控制家族会考虑如何投资才能配合关系治理机制的演进，如何投资才能有利于代际传承的进行。家族企业的投资行为在进入传承实施期后呈现怎样的特征是本章接下来将回答的问题。

第一节 代际传承与投资安排

家族企业与非家族企业的投资行为存在较大差异。这是因为家族长期持续的控制视野和风险观与非家族企业完全不同,可比的行业条件和公司资源形成企业决策相似的认知框架,但家族企业更多的社会认知因素会使其决策更具复杂性和多样性(Mitchell et al.,2003)。家族企业与非家族企业的投资模式存在较大差异。

家族企业的长期投资水平显著高于非家族企业。前期研究发现非家族企业的管理者短期视角投资决策的证据,Poterba 和 Summers(1995)认为这是由于他们相信股票市场不能完全反映长期投资的价值,选择短期项目、操纵短期盈余,能最大化自身的薪酬,短期盈利是非家族企业管理者决策的重要依据。然而家族是公认的、具有长期视野的股东,为长期控制而投资的意愿强烈,并且控制家族作为大股东可以干涉公司投资决策以防止短视行为发生(Stein,1988),家族和企业间长期延续的预期使控制家族可以为长期投资提供更充足的、更强有力的财务资源,与非家族企业相比,控制家族的监督地位客观上增加了长期投资的需求。

但许多研究者敏锐地发现家族风险态度对投资行为也有影响,从风险观角度提出相反的证据。由于持股量较大,家族的收益依赖于公司的业绩(Anderson and Reeb,2004),投资活动带来较大的非系统风险(Kothari et al.,2002),将直接关系到控制家族的收益。Shleifer 和 Vishny(1986)发现大股东尤其是家族企业的创始股东,会回避投资高风险项目,降低公司非系统风险,尽管这些风险项目的净现金流是正的,他们更倾向于把不投资产生的成本转嫁给其他小股东。显然,不同的风险承受能力暗示着家族所有者与普通投资人偏好不同,投资结果不确定的长期投资项目意味着大股东将承担投资失败的非系统风险,而中小股东却认为单个公司非系统风险可以通过投资组合进行分散。尽管控制股东可以通过多元化或者少负债方式影响公司的风险，但控制家族通过影响长期投资决策能更直接、更有效地控制公司风险（Anderson and Reeb，2003），因此控制家族投资决策比较保守，家族企业长期投资水平低于非家族企业也就不奇怪了（Anderson et al.，2012）。

家族企业是风险厌恶的另一证据，是家族企业战略行为，是受保护社会情感财富驱动的（Gomez-Mejia et al.，2007；2010），研究者认为甚至在损害长期经济利益的情况下，家族企业仍会为保护社会情感财富而做出冒险决策，但是控制家族却避免做出使长期经济利益增加却降低社会情感财富的决策，有证据表明，为了保护社会情感财富，家族企业比非家族企业的研发投资少（Chen and Hsu，2009）。朱沆等（2016）也就社会情感财富是否抑制中国家族企业创新投入展开研究，研究发现家族控制的愿望的确与创新投入负相关。

以上研究都忽略了代际传承对家族企业投资行为的影响。事实上，已有大量文献认为代际传承意愿会影响家族目标和行为（Chrisman et al.，2012），传递所有权和控制权给下一代成员的意愿，会延伸决策框架的时间线。与代际传承相关的两个投资问题引起热议。第一，家族企业继任者可能没有创始人或者职业经理人优秀，很可能带来家族企业投资效率下降、成长速度下滑（Burkart et al.，2003）。第二，家族内部矛盾使决策系统瘫痪，继而导致投资回报降低。举例来说，Bertrand 等（2008）研究表明，数量较多的男性家族亲属往往带来较差的项目投资回报率，许多衡量业绩的变量如资产报酬率、市值比和管理实践等方面都将随着创始人权杖交接而变差（Bennedsen et al.，2007）。

代际传承基本假设是创始人对子女的利他行为，目的是保证企业仍在家族的控制下，但利他行为会影响长期投资规模。通常长期投资规模与资本市场对投资者保护程度有关。控股股东个人私利减少时，获得的外部融资额增加，那么可用于长期投资的资金也相应增加（Holmstrom and Tirole，1997）。创始人对子女的利他行为是典型控股股东个人私利的一种，尤其当接班人能力弱于职业经理人时。若所处资本市场对投资者的法律保护较弱，则可获得的外部融资额便会降低，进而可用于长期投资的资金额下降。另外，接班人轻易获取继任资格，会降低公司为外部投资者赚取收益的能力，外部投资者看跌的预期，反过来限制了家族企业的投资融资规模。总之，如果资本市场对投资者保护程度高，控制股东子女的接班不会影响家族企业投资能力，但反之，就很可能降低家族企业长期投资规模，在大陆法系国家中这种影响更明显（Ellul et al.，2010）。

不仅如此，在投资的回报率方面，研究者也发现投资特征与代际传承有联系的证据。研究者利用瑞典 1990—2005 年的非平衡面板数据，分析显示创始人管理与企业项目投资的回报率成正比，而后代管理则与企业项目投资的回报率成反比，非家族成员作为继任者的家族企业，有更大的项目投资效率、更高的公司价值。可见，研究家族企业的投资行为时，辨别代际传承所处时期、企业继任者等问题非常重要（Eklund et al.，2013）。

总之，代际传承利他主义出发点以及接班人选择等均可能影响投资规模及回报率。已有研究并没有就代际传承前的家族企业投资特征展开更深入的研究，尽管之前研究笼统地集中在家族企业与非家族企业长期投资规模孰高孰低之上，可是，家族企业代际传承时期相对较长，正式传承前需要经历长达数年的准备期，这一时期的投资行为如何支持与配合代际传承尚不清楚。我们知道不确定性能促使企业减少投资支出（Julio and Yook，2012）。由于代际传承的高失败率，代际传承具有极大的不确定性，如前文所述代际传承前投资安排是控制家族必须考虑的问题。比如，进入代际传承实施期后家族企业的长期投资水平会发生怎样的变化，而这些变化是构成控制家族代际传承战略的重要组成部分。

家族企业由权威信任关系治理机制向规则信任关系治理机制演进过程中的投资行为是财务安排的具体内容。一方面，投资决策过程将向更透明、更科学的方向转变。为了发挥规则的治理效用，家族企业需要引入更多优秀的非家族成员补充高层管理团队（Daellenbach et al.，1999），非家族成员管理者会稀释家族的决策控制权，依靠创始人及核心成员的投资决策方式转变为更科学、更透明的投资决策评价体系，长期投资项目的评估更严苛。另一方面，长期投资项目风险高。企业进入代际传承实施期后，经营业绩被认为是创始人和接班人共同创造的，长期投资的失败必然会损害企业名声（Dyer and Whetten，2006），其中也包含接班人威望的损害，这是创始人最不愿看到的，也是传承最忌讳的。另外，长期项目需要更充足的财务投资。家族企业通常不愿寻求外部股权融资，它们会选择应用内部现金流和债务融资。为了控制关系治理机制演进时期的风险，控制家族调低了外部债务融资的规模，仅依靠内部现金流必然会限制家族企业投资长期项目的能力。

基于上述分析，提出如下假设：

H1：代际传承实施期前后家族企业长期投资规模将发生显著改变，与尚未进入代际传承实施期相比，进入代际传承实施期后家族企业长期投资规模下降。

性别是不可忽视的一个特征，心理学的研究表明，在工作态度、道德规范、决策方式和风险规避方面，女性天然地优于男性。世界范围看女性领导比例远低于男性领导，而在亚洲国家这一比例更低，比如中国企业中女性董事会成员仅占10%（Terjesen et al.，2009），女性对公司治理的影响引起越来越多学者的重视，尽管对于女性管理者是否能促进企业价值的提升尚未达成一致意见，但对于女性管理者的特质认识比较一致，即：女性管理者更倾向于保守与谨慎，这首先影响女性管理者的风险规避态度。[①] 这表明，在企业外部风险较大时，

---

① 祝继高等就女性董事的风险规避与企业投资行为展开研究，提出在金融危机期间，女性董事比率高的公司投资水平下降得更快，而且这种效应主要集中在过度投资的公司中。祝继高、叶康涛、严冬：《女性董事的风险规避与企业投资行为研究——基于金融危机的视角》，《财贸经济》2012年第4期。

女性继任者可能对企业长期投资规模调低得更多。

中国传统文化价值观更容易接受儿子作为家族事业的接班人，女性在家族权威方面弱于男性。但计划生育政策以及其他各种客观原因造成的必须由女儿作为家族事业接班人的情形并不少见，女性继任者自然获得企业的最高管理职位，其面临的内部压力更大，经营也更需谨慎。因此，在继任者为女性的情况下，家族长期投资规模降低效应更明显。继任者的性别可能对控制家族长期投资规模降低幅度起到一定的调节作用。

基于以上分析，提出如下假设：

H2：继任者性别对进入代际传承实施期后的家族企业长期投资规模下降幅度起到显著的加强作用，继任者为女性的家族企业长期投资规模下降幅度更大。

第二节　研究设计

本部分的研究样本与第六章的相同。取2012年前已经上市且截至2016年12月31日仍正处在代际传承实施期的家族上市公司作为研究样本，剔除关键自变量缺失年份后最终获得了162个家族上市公司的非平衡面板数据，研究数据来自国泰安数据库。

研究变量如下。

（1）投资特征

本章选用长期投资规模（INV）指标衡量投资特征，反映的是购买固定资产、无形资产及其他长期资产的现金支出与总资产的比值，该指标越大说明企业的长期投资规模越大，反之则说明企业的长期投资规模越小。

（2）代际传承实施期

以子女进入高层管理团队或董事会的年份作为企业进入代际传承实施期的标志，是否进入代际传承实施期（PRACTICE）作为虚拟变量。家族企业进入代际传承实施期取值为1，尚未进入代际传承实施期取值为0。

(3) 其他控制变量

结合前人对投资特征的研究（杜兴强等，2011），采用以下指标作为控制变量。公司控制权特征（CON），采用家族的控制权比例衡量；公司有形资产规模（TAR），采用有形资产率反映；公司盈利能力（NPR），采用营业净利润率衡量；公司规模（SIZE），采用销售收入的对数衡量；公司市值（BM），采用账面价值与市场价值的比值反映。同时还选取行业、上市年份等作为控制变量。

表8-1 变量定义

变量符号	变量名称	变量描述或计算方法
IC	投资特征	长期投资规模（INV）：购买固定资产、无形资产及其他长期资产的现金支出与总资产的比值
PRACTICE	代际传承实施期	虚拟变量：表示企业是否进入代际传承实施期，如果进入定义为1，否则为0
INV_{t-1}	t-1期投资特征	t-1期长期投资规模
CON	公司控制权特征	控制权比例：控制家族拥有的表决权
LEV	公司财务杠杆	资产负债率：负债总额与资产总额的比值
TAR	公司有形资产规模	有形资产率：有形资产与资产总额的比值
NPR	公司盈利能力	净利润与营业收入的比值
CFPS	公司资金实力	净现金流量与总股本的比值
BM	公司市场表现	账面价值与市场价值的比值
SIZE	公司规模	公司销售收入的对数
SEX	继任者性别	继任者性别：女定义为1，男定义为0
PFAGE_DUM	创始人年龄	创始人年龄：大于等于均值定义为1，否则为0

本章构建模型（1）验证研究假设1。在模型（1）中，因变量IC表示投资特征。模型中自变量PRACTICE表示是否进入代际传承实

施期。

$$IC_{it} = \beta_1 PRACTICE_{it} + \beta_2 INV_{it-1} + \beta_3 CON_{it} + \beta_4 LEV_{it} + \beta_5 TAR_{it} +$$
$$\beta_6 NPR_{it} + \beta_7 CFPS_{it} + \beta_8 BM_{it} + \beta_9 SIZE_{it} + \mu_{it} \quad (8-1)$$

本章构建模型（2）验证研究假设2。在模型（2）中，因变量IC表示投资特征，模型中自变量 PRACTICE 表示是否进入代际传承实施期，PFAGE_DUM 衡量创始人年龄特征。

$$IC_{it} = \beta_1 PRACTICE_{it} + \beta_2 INV_{it-1} + \beta_3 SEX_{it} + \beta_4 SEX_{it} \times PRACTICE_{it} +$$
$$\beta_5 PFAGE\_DUM_{it} + \beta_6 CON_{it} + \beta_7 LEV_{it} + \beta_8 TAR_{it} + \beta_9 NPR_{it} +$$
$$\beta_{10} CFPS_{it} + \beta_{11} BM_{it} + \beta_{12} SIZE_{it} + \mu_{it} \quad (8-2)$$

μ_{it} 指包含个体效应的干扰项，采用 Stata 14.1 软件进行实证分析。

第三节 实证检验与分析

一 描述性统计

表8-2报告了162家样本新增变量的描述性统计。样本公司长期投资规模均值为4.8%，而进入代际传承实施期前一年的这一数据为5.1%，长期投资规模均值下降0.3个百分点，从统计结果上看，家族企业长期投资规模整体水平较低。由表8-2还可知11.4%进入代际传承实施期时的创始人年龄高于均值。

表8-2　　　　　　　各新增变量描述性统计

变量	MEAN	P50	SD	MAX	MIN
PRACTICE	0.4130	0.0000	0.4930	1.000	0.00000
INV	0.0480	0.0340	0.0470	0.169	0.00100
INV_{t-1}	0.0510	0.0340	0.0570	0.450	0.00000
PFAGE_DUM	0.1140	0.0000	0.3180	1.000	0.00000

注：变量说明见表8-1。

相关系数检验显示各主要变量间不存在严重的相关关系（表略）。是否进入代际传承实施期与长期投资规模呈负相关关系，还可看出公司规模与长期投资规模呈正相关关系，而控制权与长期投资规模也呈正相关关系。

二 长期投资规模的检验

进入代际传承实施期后家族上市公司长期投资规模的检验。表8-3估计了检验的结果。第一列为长期投资规模与是否进入代际传承实施期两个变量间的回归；第二列是加入控制权、负债规模等公司变量的回归结果；第三列是加入现金流、公司规模等变量的回归结果。

从检验结果看，是否进入代际传承实施期单独进入模型，系数在1%的显著性水平上显著（第一列），进入代际传承实施期后家族企业长期投资规模下降，后将公司控制权及负债等因素加入模型后，二者的负相关关系仍然显著（第二列），再加入公司现金流及规模等因素后，二者的相关系数在5%的显著性水平上显著。验证假设1。

这说明进入代际传承实施期后，家族企业的长期投资规模显著下降。家族企业对长期投资项目更谨慎，以便降低关系治理机制演进过程中的风险，为应对传承后各种不确定性问题留下空间，与本章理论分析一致。

表8-3　　　　　　　　　长期投资规模的检验

变量	(1) IND	(2) IND	(3) IND
PRACTICE	-0.00815 *** (-3.05)	-0.00486 * (-1.80)	-0.00571 ** (-2.05)
IND_{t-1}		0.365 *** (15.55)	0.350 *** (14.64)
CON		0.000214 ** (2.30)	0.000170 * (1.80)

续表

变量	(1) IND	(2) IND	(3) IND
LEV		-0.0218** (-2.45)	-0.0326*** (-3.04)
TAR		0.0305 (0.97)	0.0229 (0.68)
NPR		0.0285 (1.50)	0.0461** (2.31)
CFPS			-0.00537*** (-3.40)
BM			0.00582 (1.38)
SIZE			0.00138 (1.05)
上市年份	控制	控制	控制
行业	控制	控制	控制
_cons	0.0376*** (5.81)	-0.00867 (-0.28)	-0.0283 (-0.72)
N	1027	896	854
R^2	0.03	0.26	0.26

注：变量说明见表8-1，*、**、***分别代表在10%、5%和1%的显著性水平上显著，括号内是T值。

这是因为长期投资项目风险比较大。家族企业进入代际传承实施期后，为降低财务压力，控制家族对外的债务融资规模降低，使得长期投资资金来源受限。权威信任体系下的长期投资决策主要依赖创始人个人及其核心家庭成员，但是，伴随关系治理机制的演进权威信任体系将逐渐被打破，长期投资决策过程将向更规范、更科学的方向改变，长期投资项目评估将更为严苛。长期投资风险高回报周期长，这些也是家族企业进入代际传承实施期后缩减长期投资的重要原因。长期投资项目涉及金额大，投资失败对企业冲击大，由于代际传承本身的不可预知性，即将进行代际传承的家族企业很难再应对长期投资失败的冲击，为使控制家族的社会情感财富损失风险可控，在进入代际传承实施期后，家族企业的购买固定资产、无形资产及其他长期资产的现金支出下降，长期投资规模相应减少。

三 调节作用的检验

进入代际传承实施期后家族上市公司继任者性别对长期投资规模下降幅度的影响检验见表8-4。

从检验结果看，我们并没有发现继任者性别对代际传承实施期长期规模下降幅度的显著性调节作用，假设2没有得到验证。这说明进入代际传承实施期后，家族企业长期投资规模下降幅度并不受继任者性别影响。

表8-4　　　　　　继任者性别的调节作用检验

变量	(1) IND	(2) IND
PRACTICE	-0.00643** (-2.04)	-0.00713** (-2.20)
SEX	0.000424 (0.09)	0.00209 (0.45)
SEX * PRACTICE	0.00503 (0.82)	0.00407 (0.66)
PFAGE_DUM	0.00390 (1.44)	0.00438 (1.59)
IND_{t-1}	0.365*** (15.54)	0.350*** (14.67)
CON	0.000214** (2.29)	0.000164* (1.73)

续表

变量	(1) IND	(2) IND
LEV	-0.0218** (-2.45)	-0.0334*** (-3.12)
TAR	0.0321 (1.02)	0.0250 (0.75)
NPR	0.0300 (1.57)	0.0469** (2.35)
CFPS		-0.00530*** (-3.36)
BM		0.00588 (1.40)
SIZE		0.00159 (1.19)
上市时间	控制	控制
行业	控制	控制
_cons	-0.0128 (-0.42)	-0.0374 (-0.94)
N	896	854
R^2	0.26	0.27

注：变量说明见表8-1，*、**、***分别代表在10%、5%和1%的显著性水平上显著，括号内是T值。

我们认为产生这样的结果可能有两个原因：第一，代际传承过程是由创始人、继任者共同主导的，而不完全是继任者。传承准备、传承实施及正式传承，都是在创始人与继任者互动下进行的，这不同于以往学者研究的"女性高管"环境。由创始人经营时期的权威信任逐渐向继任者经营时期的规则信任演进，本身也表明这是一个互动过程，而不是简单的某一个体推动的结果。这同时说明代际传承是家族企业内部聚变的复杂过程，单个因素并不一定能起到决定作用，而创始人和继任者的不同特质组合，才是今后进一步研究的方向。第二，代际传承带来的风险主要源于内部，而不是外部。代际传承高风险主要来源于继任者是否能胜任、员工对继任者轻松取得最高领导职位的内在不认同等，这些属于内部风险，与以往研究假设的外部环境风险显然并不相同。代际传承并不意味着外部风险的骤增，在外部风险没有较大变动下，我们的研究表明，女性高管对投资规模下降的调节作用并不明显，这一结论与范合君、叶胜然（2014）的研究一致，即：在经济环境动荡情况下，女性高管对投资的影响作用明显，反之则没有明显效果。

四 稳健性检验

（一）回归效应的稳健性检验

第一，更换控制变量进行检验。利用第一大股东持股比例、两权分离度及净资产收益率作为衡量公司盈利能力及控制权特征的替代指标。表8-5报告了稳健性检验的结果。进入代际传承实施期后家族企业长期投资仍呈现显著的下降趋势。与前述的检验结果类似，说明回归效应具有稳健性。

表8-5　　　　　　　稳健性检验（一）

变量	(1) IND	(2) IND	(3) IND
PRACTICE	-0.00465* (-1.70)	-0.00473* (-1.75)	-0.00492* (-1.77)
IND_{t-1}	0.354*** (14.99)	0.352*** (15.01)	0.345*** (14.46)
LS	0.000287** (2.48)	0.000264** (2.29)	0.000175 (1.48)
SEPA	0.000112 (0.57)	0.0000771 (0.39)	0.0000917 (0.45)

续表

变量	(1) IND	(2) IND	(3) IND
LEV		-0.0181** (-2.03)	-0.0292*** (-2.73)
ROA		0.0934** (2.51)	0.130*** (3.23)
TAR			0.0228 (0.69)
CFPS			-0.00483*** (-3.08)
BM			0.00859* (1.95)
SIZE			-0.000162 (-0.12)
上市时间	控制	控制	控制
行业	控制	控制	控制
_cons	0.00954* (1.75)	0.0165** (2.21)	-0.00197 (-0.05)
N	915	915	869
R^2	0.24	0.25	0.26

注：变量说明见表8-1，*、**、***分别代表在10%、5%和1%的显著性水平上显著，括号内是T值。

（二）利用四年短面板进行检验

受到内地家族企业进入代际传承实施期的时间以及上市时间的限制，样本存在一定的数据缺失情况，因而，采用进入代际传承实施期前后四年的数据进行了稳健性检验。在降低数据缺失率的基础上，重新对研究假设进行检验。是否进入代际传承期与长期投资规模在1%的显著性水平上显著负相关（T值为-2.41）。

表 8-6　　　　　　　　稳健性检验（二）

变量	(1) IND	(2) IND	(3) IND
PRACTICE	-0.00620** (-2.23)	-0.00517* (-1.78)	-0.00738** (-2.41)
CON		0.000598*** (3.97)	0.000510*** (3.30)
LEV		-0.0233** (-1.97)	-0.0433*** (-2.98)
TAR		-0.0202 (-0.49)	0.0167 (0.38)
CFPS			-0.00562*** (-4.61)
BM			0.00538 (1.04)
SIZE			0.00170 (0.88)
上市时间	控制	控制	控制
行业	控制	控制	控制
_cons	0.0364*** (5.24)	0.0453 (1.10)	-0.0138 (-0.24)
N	870	839	781
R^2	0.03	0.04	0.08

注：变量说明见表 8-1，*、**、*** 分别代表在 10%、5% 和 1% 的显著性水平上显著，括号内是 T 值。

第四节　投资安排结果：减少规模降低内部风险

关系治理机制演进本身伴随着较大的风险，因此降低企业经营中的风险非常必要。一直依赖创始人权威的运转体系向规则信任的运转体系过渡，家族企业可能出现决策时间延长、决策权力真空、家族内部矛盾等诸多不适，代际传承实施期的风险加大。

无论代际传承前的准备多么充分，即将到来的接班人经营时期免不了要应对各种传承后遗症。不仅创始人资产得不到完整地继承，共同创始人对接班人的能力认可程度也不尽相同。伴随创始人权威信任的逐渐瓦解，可能激发各种矛盾，最为直接的是共同创始人与接班人的矛盾。共同创始人立下汗马功劳，又是既得利益者，他们并不总是认同家族企业代际间传承的观念，也并不一定赞同关系治理机制演进中的规则信任方向，因为这一变革也将削弱他们在家族企业的既有地位。

而投资涉及较高金额的投入，且回报周期较长，是公认的风险较高项目。控制家族尤其是代际传承意愿强烈的家族大都为风险厌恶者，平稳进行控制权的交接是创始人的愿望，确保正式传承前较长一段时期内家族企业经营风险处于较低水平，以降低企业总风险水平，给继任者留有充分的试错机会。创始人和接班人需要更多精力集中于内部治理机制变革，与尚未进入代际传承实施期相比，长期投资项目包括多元化投资、固定资产投资、研发投资等规模都可能因此而降低，为使风险可控，控制家族暂时放弃考虑企业的发展速度。家族企业在进入代际传承实施期后的长期投资规模降低，主要是出于风险规避原因。

更保守的投资政策成为进入代际传承实施期后的又一显著特征。在向接班人过渡的时期，它对于降低风险的作用相当明显。总而言之，这一时期长期投资规模的下降，有助于配合规则信任关系治理机制的建立，降低该时期的经营风险。

第五节　本章小结

本章建立在国内外关于家族企业投资行为研究文献的基础上，家族通常具有长期视角，代代相传的意愿延长了控制家族的决策时间线，使得家族企业比非家族企业更倾向于长期投资。但是研究者也发现了控制家族的另一面，即为了降低社会情感财富损失而避免做出长期投资倾向。可见家族企业投资行为表现形式比较复杂。

正式传承前若干年是关系到代际传承成功与否的关键，也是家族关系治理机制演进的关键，追求社会情感财富的家族最终目标是成功将控制权交给接班人，传承前若干年的投资政策显然与创始人权威信任体系下的创业发展期投资政策不同，本章利用2012年已经上市且正处于代际传承实施期的家族上市公司为样本展开研究，检验了进入代际传承实施期后家族企业的长期投资规模的变化规律。

本章得到以下结论。

（1）与尚未进入代际传承实施期相比，进入代际传承实施期后的家族企业长期投资规模显著下降，这是控制家族这一时期投资安排的结果。尽管在创始人经营的创业及发展时期，为后代坚持经营的意愿可能促使了长期投资规模的增加，但投资政策并非一成不变，家族参与和投资的关系也并非简单增加或者减少，两者关系必然受到其他因素影响，如社会情感财富理论支持者认为，当经营业绩低于行业平均水平时，家族企业倾向于做出更多长期投资决策，表现得更愿意冒险，尽管这样可能会降低当前的社会情感财富，但出发点是赚取未来的社会情感财富，而当经营业绩高于行业平均水平时，家族企业倾向于进行较少的长期投资，以避免当前社会情感财富受损。进入代际传承实施期也是如此，控制风险、遵守投资决策规则以及树立接班人威信等方面的任务，促使控制家族做出降低长期投资规模的决策。

（2）继任者性别因素对进入代际传承实施后长期投资规模下降幅度没有显著作用。这一研究结论表明单一的继任者特征对家族企业正式传承前的财务行为影响有限。与以往研究所处的环境不同，代际传承时期关系治理机制的演进是由创始人及继任者双方主导互动的过程，其风险主要来自家族企业内部。我们知道家族企业财务行为有别于非家族企业,在很大程度上与创始人和继任者二者的互动有关,创始人和继任者特征研究是代际传承课题中重要的内容,本书研究结论提供一个新的研究思路:创始人与继任者特征组合的深入挖掘。这一研究结论也从侧面提供了代际传承时期家族企业环境变化挑战主要来自内部而不是外部的证据,而冲击来自企业内部时,继任者性别对投资作用不明显。

由此,得到如下启示。

(1) 家族企业的投资行为与代际传承所处时期相关,这为家族企业的投资行为提供了新的解释视角。长期以来,研究者对于家族企业的投资行为非常关心,但是研究者视角均是将家族企业与非家族企业相比,有研究者认为家族企业高于非家族企业,也有研究者认为相反。关于家族企业自身不同阶段的投资行为有什么特征关注较少,代际传承作为家族企业特殊阶段,研究代际传承实施期与尚未进入代际传承的正常时期家族企业不同的投资行为表现,使家族企业投资行为的研究更深一步。

(2) 代际传承前较长一段时期的长期投资规模下降,可能是导致接班后家族企业动力不足的原因之一。尽管长期投资规模下降可以降低正式传承前的企业风险,但由于较长一段时期长期投资额下降,尤其是研发投资的减少,很可能导致继任者接班后企业发展后劲不足。长期投资的回报周期长,正式传承后接班人即使立即增加长期投资也很难立竿见影。代际传承的失败原因很多,是否与传承前的长期投资规模下降有关尚不清楚,本章结论提供进一步研究论证的视角。

(3) 创始人应计划好进入代际传承实施期的时间。本书研究结论虽没有发现继任者性别对进入实施期后的投资规模下降幅度的调节作用,但也不应忽视继任者性别在代际传承实施过程中的影响。一般来说,创始人不应在自己年龄很大时才决定安排女性继任者进入高层管理团队或董事会,因为女性继任者的家族权威弱于男性,面临的压力更大，而创始人年龄越长意味着培训、辅助、帮助女儿的时间和机会越少，这带给家族企业治理机制演进诸多无形的压力。创始人应明确认识到继任者为女性所面临的问题，越早准备、越早适应就越处于传承的有利地位，反之则可能使传承陷入被动。

第九章　步步为营："红脸"创始人与"白脸"继任者的传承之道

三力士股份有限公司（以下简称"三力士"或"公司"）作为已走过三十余年风雨的行业领头企业，其传承问题自然成为业内关注焦点。三力士主要产品为三角胶带和胶管。公司诞生于民营经济发达的浙江省，起步于改革开放初期。公司的成长记载了那一时代中国本土家族企业的丰富经历，创始人吴培生先生及其女吴琼瑛、吴琼明间的接力棒传递不仅决定着这个目前年销售额近9亿元企业的发展与命运，还记录着中国本土家族企业首代传承的经历与故事。

第一节　创始人权威信任的形成

20世纪70年代末期，三力士创始人吴培生进入橡胶制品行业，担任集体所有制企业绍兴县管带厂的法定代表人，该厂的主营产品为三角胶带、胶管。70年代末80年代初集体所有制企业规模普遍较小，"县"字打头的管带厂无论从资本实力，还是从生产能力来看，都优于村办企业、队办企业、家庭工坊，这是因为规模大的国有企业不做三角胶带、胶管类小产品，规模太小的家庭作坊一时又形不成竞争。由于与地方政府的经济利益关联，作为集体所有制企业可以享受政府的"关爱"，具体表现在：帮助企业向银行贷款、帮助企业征用土地、谋得开业执照、

第九章 步步为营:"红脸"创始人与"白脸"继任者的传承之道

招收工人、寻找短缺原材料、技术和产品市场,等等,在资源普遍缺乏的年代获得资源优先权,为企业持续经营提供了保障。该厂资产后于2002年被三力士收购。绍兴县管带厂为三力士在橡胶制品三角带、胶管行业地位的树立提供了关键平台,三力士创始人吴培生进入行业时间早、起点高,为行业内专家权威奠定了坚实基础。

乘着改革的潮流,个体私营经济大门打开,开启浙江民营经济的发展之窗。1984年吴培生迈出创业的第一步,依靠之前数年的业内经验,创办绍兴县胶带厂、州山橡塑五金厂,主要还是做三角胶带和胶管。据吴培生回忆,那时候胶带厂靠几台机器和十几名熟识的工人,产品质量参差不齐,也没什么名气,就像千千万万那个时期的小厂一样。而此时,由于三角胶带、胶管等产业进入门槛较低,竞争已日趋激烈,企业要想站稳脚跟,管理者的谋略至关重要。吴培生"认准三角胶带、只做自己熟悉产品"的理念决定了整个企业的定位高度,熟悉产品追求精益求精的干法顺理成章。吴培生超前提出了品牌建设的理念与方向,在创业初期就开始酝酿注册商标,又花重金请人设计了公司的标志——象征着三角带的绿色三角形LOGO,那时候在行业内还是比较少见的。品质是支撑品牌的基石,狠抓产品质量是吴培生又一个正确的决策。品牌加品质帮助企业打胜第一战,吴培生成功带领企业杀出竞争的红海,成功提升了企业的知名度及市场份额,与此同时,吴培生的企业家权威也逐渐树立。

不能不提的是,吴培生作为父亲对家族尤其是对长女的影响。父亲80年代干事业的精气神对正处于世界观、人生观、价值观形成时期的长女吴琼瑛来说,可谓是真实而生动的教育片。吴琼瑛从幼时看着父亲和一帮员工共同创办企业、共同祈祝来年,到成年时直接参与企业管理。每当提起父亲的做人理念、做事风格,吴琼瑛对父亲的敬佩之情油然而生。吴培生就这样一边带领着企业,一边影响着女儿,成年后的吴琼瑛是这样评价父亲的:他是一位非常朴素却又具有彻底的浪漫主义情怀的人,满怀梦想,以苦作乐;他又是一个不折不扣的现实主义者,他人生最美好的年华全部奉献给了三角胶带。① 言语之间,显现出吴培生在孩子心中的家族权威。

表9-1 改制后的绍兴三力士橡胶有限公司股权比例

序号	股东	出资额(含公司原有净资产或量化净资产)(万元)	占注册资本比例(%)
1	绍兴县柯桥镇集体资产经营管理公司	61.76	12.14
2	吴培生	234.38	46.07
3	钱仲良	25.43	5
4	黄凯军	25.43	5
5	吴兴荣	25.43	5
6	史兴泉	20.34	3.99
7	吴水源	20.34	3.99
8	吴水炎	20.34	3.99
9	叶文鉴	17.83	3.5
10	陈水浒	14.38	2.83
11	李水龙	14.38	2.83
12	吴琼瑛	14.38	2.83
13	李月琴	14.38	2.83
	合计	508.8	100

资料来源:首次公开发行招股说明书。

2001年,吴培生为寻求更广阔的发展空间,谋划上市事宜,但经营层的意见并不统一,吴培生进一步意识到控股权的重要性。于2002年10月先后受让了绍兴县柯桥镇集体资产经营管理公司、钱仲良及陈水浒的股份,持股比例达到66.04%,公司性质转为民营,其余9人仍为股东,持股比例不变,愿意跟随吴培生的经营层主体班子仍保留。

经过早期十余年的打拼,1998年3月,绍兴三力士橡胶集团公司

① http://info.rubber.hc360.com/2014/01/161721129389.shtml.

第九章 步步为营:"红脸"创始人与"白脸"继任者的传承之道

的成立开启公司制管理新篇章,此时的吴培生已集专家权威、企业家权威及家族权威为一体,自然成为企业经营层中的带头人,长女吴琼瑛也正式入职,至1999年改制设立绍兴三力士橡胶有限公司时,吴培生作为经营层实现控股,在家族企业初创期建立了基于创始人权威信任的关系治理机制,安排长女在公司各个部门轮岗锻炼,这在三力士发展历史上具有里程碑的意义,吴培生家族初步实现对三力士橡胶有限公司的控制,详见表9-1。

2002年11月,刚完成股份受让后不久,吴培生等11名自然人发起设立浙江三力士橡胶股份有限公司,这11个自然人出资持股情况见表9-2。吴培生将现有经营层主体全部带领到新的股份有限公司中,努力做上市准备。紧接着收购绍兴三力士橡胶有限公司、绍兴管带厂等主要资产,终结几套牌子一班人马的历史,将人心凝聚在三力士之上,以吴培生为中心的创始人权威信任在三力士牢牢扎根,那些长期跟随吴培生的管理者,成为三力士的共同创始人。

表9-2　　浙江三力士橡胶股份有限公司股权比例

序号	股东	持股数(万股)	持股比例(%)
1	吴培生	3690	67.09
2	吴兴荣	250	4.55
3	黄凯军	250	4.55
4	史兴泉	200	3.64
5	吴水源	200	3.64
6	吴水炎	200	3.64
7	叶文鉴	175	3.18
8	李水龙	145	2.64
9	吴琼瑛	145	2.64
10	李月琴	145	2.64
11	陈柏忠	100	1.82
	合计	5500	100.00

资料来源:招股说明书。

第二节　坚守家族社会情感财富

依靠管理经验摸索打拼的吴培生，80年代初期创业并开启家族财富创造之门。十多人小厂最初可能考虑的仅是生存问题，随后依靠注册商标及产品质量，平安度过产品质量鱼目混珠的无序竞争时期，创业数十年不仅为家族积累了物质财富，更为家族积攒了社会情感财富，吴培生个人以及"三力士"品牌在橡胶行业的知名度日渐上升，数年来，综观吴培生家族社会情感财富，总结如下。

表9-3　吴培生家族社会情感财富的积攒与表现

时间	事件	家族社会情感财富表现
创立之初	老板员工在家中共吃年夜饭	家族独特情感氛围
1989年8月	吴培生主导、长女陪同，正式完成"三力士"商标（含文字、图形）的注册	家族与企业关系的永续
1995年	三角胶带产量跃居浙江省首位，成为省内同行领先企业	家族社会影响力
1998年	长女正式入职	家族利他行为实施、家族与企业关系的永续
2001年	三角胶带的产销量、出口量达到全国第一，成为国内行业领军企业	家族社会影响力
2002年起	吴培生任县人大代表（后为区人大代表），多次荣获"全国橡胶行业科学发展带头人""优秀企业经营者"等称号	家族社会影响力
2002年11月	吴培生家族控股三力士	家族控制力
2005年9月	三力士被认定为中国名牌、国家免检产品，同年年底三力士商标被认定为中国驰名商标	家族社会影响力
2006年7月	次女正式入职	家族利他主义行为、家族与企业关系的永续

续表

时间	事件	家族社会情感财富表现
2008年4月	三力士成功在深交所上市	家族社会影响力
2008年至今	捐款、慈善基金会	家族利他主义行为
2013年3月	长女任总经理	家族利他主义行为、家族与企业关系的永续

吴培生家族社会情感财富伴随三力士公司的成长而逐渐积累,至2008年公司上市,吴培生家族的控制和社会影响力、家族利他行为的实施、家族与企业关系永续等非财务目标方面已有较深的积累。尤其在家族共同价值观追求方面,吴培生父女堪称典范。

父亲创办三力士时,长女吴琼瑛正逢少年,三力士提供家族共同价值观集中展现的平台,父亲做出重大管理决策价值取向、背景及实施,都潜移默化地影响着吴琼瑛的观念。执着、专注是吴培生家族共同价值观的集中体现,"我父亲一生只做三角带""我们没钱时做三角带,有钱了还做三角带"等话语,是吴琼瑛在描述企业追求精益求精的品质,又何尝不是对家族执着、专注精神的一种概括?"涓涓细流汇成大海,条条皮带通向第一",表现出吴琼瑛对家族共同价值观的认同。这种认同最终将转化为对企业的感情,即强化家族与企业关系永续的愿望,增强坚守家族社会情感财富的决心。

吴琼瑛继承了父亲对三力士的感情,不仅源于对家族价值观的认同,还源于吴琼瑛与三力士的密切联系。"我亲手敲过最初的橡胶垫,结过最初的帘子线,看到过手工摇的硫化工序,跟董事长去注册三力士商标。"1998年,吴琼瑛正式入职,1999年改制成立绍兴三力士橡胶有限公司时,吴培生家族实现控股,吴琼瑛从生产车间转战至财务部门。2002年11月,吴培生、吴琼瑛父女联合其他9名自然人成立浙江三力士股份有限公司。2006年7月,次女吴琼明正式入职,开始在公司国际业务部、生产部锻炼。2008年4月，三力士成功上市，吴培生担任上市公司董事长兼总经理，吴琼瑛担任财务总监、董事会秘书，协助父亲管理企业，而此时的吴培生已年过六旬。五年后的2013年，吴琼瑛从父亲手中接过总经理一职，这标志着三力士的传承正式进入实施期。可见，三力士从某种意义上说也承载着吴琼瑛的青春与成就。

表9-4 三力士的传承进程

时间	事件	传承进程
1989年8月	父女成功注册"三力士"商标	传承准备前期
1998年3月	长女入职	传承准备
2002年11月	长女持股	传承准备
2006年7月	次女入职	传承准备
2008年4月	公司上市实现控制家族社会情感财富目标飞跃	传承准备
2013年3月	长女担任总经理	传承实施

综合来看，三力士控制家族拥有的社会情感财富高，传承基础好、传承准备期长，长女、次女均在公司就职，特别是长女吴琼瑛在进入传承实施期前已在公司工作十余年。2014年公司成立三十周年大会上吴琼瑛曾说，"我是三力士的姐姐，它从孕育中，到襁褓中，到幼儿，到少年，到青春期，我一直都在它身边"。言语中渗透着对企业的热爱、对家族的认同及对责任的承担。与之相映衬的是，创始人吴培生先生也曾公开称："现在我们出口国外的产品有一半还在贴牌，我相信总有一天我们会全部贴上三力士的牌子。我现在年纪大了，这些梦想交给年轻人。我相信这个梦想一定能实现……"[①] 这也表现出创始人对企业的期望、对继任者的信任。

但是传承本身并不是仅具备经验、感情、干劲就可完全高枕无

---

① http://info.rubber.hc360.com/2013/05/171701107205-2.shtml。

忧。家族企业创始人经营时期,依靠地缘关系(发起人有8名同乡)建立的基于创始人权威信任关系治理机制受到代际传承冲击,因此事前的各项制度安排,尤其是财务安排,非常重要。三力士在培养接班人方面方向明确、思路清晰,成功培养了接班人的认同感,使得控制家族社会情感财富得到最大限度的保护。综合三力士2013年前后的制度、政策变化,我们试图更清晰地勾勒控制家族在治理机制演进中所做的努力与部署,案例分析数据来自新浪财经、金融界网站公开信息披露。

第三节　规则信任的推进与变革

接班面临的首要问题非常明确,即如何确立继任者的领导地位?吴琼瑛也不例外,尽管入职十余年,经历生产部、财务部、人力资源部等重要部门锻炼,其管理经验得到极大提升,但担任总经理一职则是质的飞跃。对吴琼瑛来说,在父亲创始人权威退出企业之前,必须组建自己的管理团队,而这些都建立在规则信任推进基础上。降低家族的控制权为规则建设铺路、适应市场规则要求、考核规则确立等方面,是规则信任推进与变革的主要落脚点。代际传承是创始人和继任者共同主导下的关系机制演进过程,在这一过程中,继任者常常扮演"改革派"的"白脸"角色,创始人则适合承担"温和派"的"红脸"角色。

一　稀释控制权

自80年代初期创办乡办企业以来,吴培生一直担任负责人,到90年代末期企业改制时,已有二十年业内经历、声望积累的吴培生,作为管理者成功持股37.86%,顺利获得绍兴三力士橡胶有限公司经营层的控制权,迈出家族实现控制的关键一步。为谋求更快的发展,吴培生家族作为发起人出资66.7%(其中,吴琼瑛作为第八大股东持股2.9%）设立三力士股份有限公司，实现对三力士的绝对控制。2003年三力士成功上市，吴培生家族控股51.82%（其中，吴琼瑛作为第十大股东持股1.96%），至此翻开创始家族控制的新篇章。

上市之后最初数年创始家族股权控制并未发生改变，三力士的其他9位自然人股东中，单人最高持股比例3.38%，合计持股比例22.49%，其他自然人股东对控制家族不构成股权控制威胁，吴培生家族处于绝对控股地位。在管理权控制方面，父亲吴培生担任董事长兼总经理，长女吴琼瑛则担任董事会秘书、财务总监、副总经理等要职。公开资料显示，在上市初期，只有两位非家族股东担任董事，两位非家族股东担任副总经理，四位自然人股东负责销售部、生产部。显然，父女二人掌握公司管理的最高决策权，而其他相对重要部门如销售部、生产部则由共同创始人具体负责。

2013年3月，长女吴琼瑛正式接过总经理一职，创始人吴培生仍担任董事长，这一安排标志着大约15年之久的传承准备期结束，企业进入代际传承实施期。尽管创始人正式交付继任者董事长职位毋庸置疑，但传承实施期的这一过程却充满挑战和未知。控制权如何安排，成为创始人与继任者在实施期需要面对的首要问题。

从持股份额来看，2008年至2012年，控制家族持股稳定在51.82%。根据公司章程，股东大会作出的普通决议由出席股东大会的股东（包括股东代理人）所持表决权的过半数以上通过，超过50%的持股比例使吴培生家族掌握股东大会普通决议的控制权。

2013年即进入代际传承实施期的当年，控制家族持股比例下降至37.96%，下降约14个百分点；进入传承实施期的第二年，控制家族持股比例下降至36.59%，2015年，又下降1.37个百分点，2016年，吴培生持股继续下降至34.99%，吴琼瑛持股比例上升至2.87%，合计持股37.86%。

图9-1展现控制家族的股权变化。

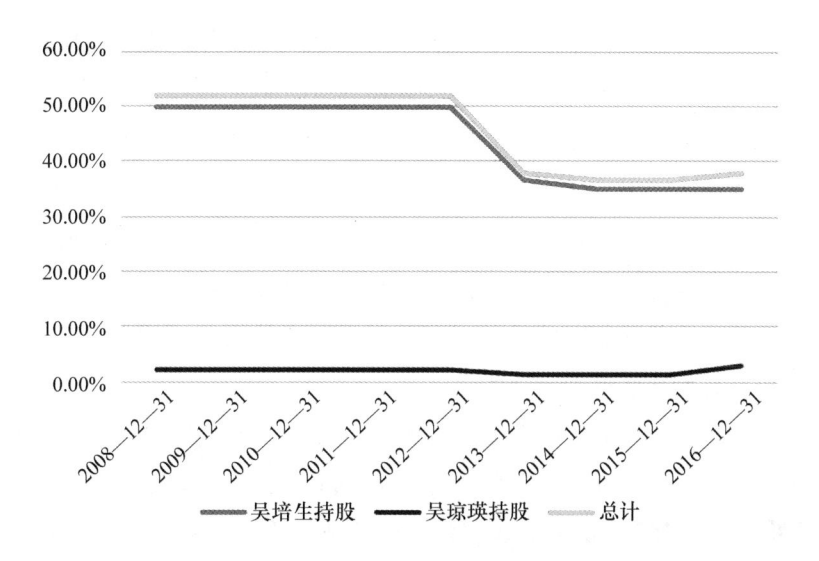

第九章 步步为营:"红脸"创始人与"白脸"继任者的传承之道

图 9-1 2008—2016 年三力士控制家族持股比例变化

图 9-1 记录了进入传承实施期后的当年控制家族实施了稀释股权的行为。吴培生家族股权主要集中在创始人手中,长女吴琼瑛持股比例较低。前文分析曾提到,进入传承实施期后的家族企业会稀释股权,降低控制家族的股权集中度,能降低企业运行的内外部风险。股权越集中风险就越大,一表现在公司运营风险由控制家族承担,二表现在管理决策高度集中的弊端凸显。在三力士案例中,我们看到进入代际传承实施期后,吴培生家族稀释了约 15% 的股权,维持 35% 左右的家族股权。那么,三力士稀释股权与传承有何关联?

第一,进入传承实施期后,三力士酝酿产业升级优化,这是新总经理上任后第一把火。三力士主营产品为橡胶质机械传动三角带,在生产工艺中,需要用锅炉将橡胶及其他化工原料用蒸汽"蒸熟",然后再进行压制和生产,生产环节会产生大量废气,除此以外,产品生产还会产生一定的废水、固废和噪声等。常年的废气排放引发当地居民的不满,还曾一度引发群体性事件,这个问题不妥善处理,对三力士顺利传承极为不利。三力士需要找到新工艺、新技术、新增长点,以减少对周围环境的破坏，与社区民众和谐共处。三力士一直酝酿淘汰落后产能，拟通过定向增发方式募集资金，新建高性能特种传动 V 带生产线，2013 年公司定向增发募集资金 3.75 亿元，帮助企业顺利进行产品升级、工艺优化，此举重要意义在于展现吴琼瑛战略领导才能。吴培生家族通过定向增发稀释手中股权，调整产品结构、降低环保压力，这是传承实施期当年控制家族股权下降的原因。显然，这次股权稀释对外营造稳定的传承环境、对内则帮助吴琼瑛打响担任总经理后第一枪，意义重大。

第二，进入传承实施期的三力士还需激励非家族成员管理者。就在吴琼瑛担任总经理的第二年，公司通过了《关于股票期权激励计划首次授予的议案》，董事会认为各项授予条件均已具备，向 13 名激励对象授予共计 924 万股股票期权，其中两名激励对象分别担任财务总监、董事（设备部部长），其余 11 名为中层管理人员、核心业务（技术）人员。随后不久，三力士就出台《股票期权激励计划实施考核办法》，严格执行期权行权考核。此举重要意义在于帮助吴琼瑛建立新的管理团队，迈出严格执行考评规则的第一步。控制家族再次做出稀释股权的决定，将这部分股权应用于激励中高层管理人员，股票期权是接下来两年控制家族股权稀释的原因。显然，股票期权带来的股权稀释有一箭双雕作用，既可以调动原有中高层管理人员积极性，又可使依据规则对重要的中高层管理人员进行绩效考核变得顺理成章，这是配合代际传承实施期关系治理机制演进的重要一步。

从三力士股权稀释的原因上分析，可以看出进入代际传承实施期后，控制家族从家族企业外部环境和内部环境入手，通过稀释股权的方式，降低风险、重组管理团队，为顺利传承做出一系列股权上的安排。但是，与前文分析一致，案例中股权稀释后，控制家族仍持股 35% 左右，仍保持着家族的控制地位。根据公司章程，股东大会作出的特别决议由出席股东大会的股东（包括股东代理人）所持表决权的三分之二以上通过，超过三分之一的持股比例使吴培生家族拥有一票否决的权力。一般来说,这是有传承欲望的本土家族企业的持股底线,过分稀释股权使得家族持股比例太低不仅不能获得传承优势,还有可能增大传承风险。

不仅如此,三力士在进入传承实施期的当年管理权安排也发生重大调整,从董事会层面上看,新增非家族成员董事一名,新增独立董事一名,同时一名共同创始人董事退出,一名共同创始人董事辞职,新提外部招聘人员担任董事会秘书。这些控制权稀释的表现,为推进基于规则信任的关系治理机制打下基础。

二 降低经营风险

控制权稀释能有效分散企业经营风险,然而综合降低代际传承风险仅依靠控制权稀释还不够,还需更为具体的财务安排,即在投融资行为方面如何避免风险。

胶管胶带行业比较特殊,上游原材料天然橡胶价格极易受天气、社会库存等因素的影响。作为三角胶带全国领军企业,三力士公司每年天然橡胶和合成橡胶等橡胶材料成本占公司胶带产品原材料成本的比例为30%—40%,橡胶价格的波动对公司经营成果影响较大。胶管胶带行业在整个产业链中处于中段,被上、下游两头挤压,处于产业链最不利的地位,不仅原材料上涨的成本难以向下游传导,并且还时常受到来自煤炭、钢铁、水泥、汽车等这些主要下游行业倒逼降价的要求。面对新常态,三力士应如何安排代际传承这一特殊时期的投融资?

另外,公司发展做不到一帆风顺,三力士一路走来也曾经历过假货、环保等各种危机,而危机化解离不开充实的资金,如前所述资金是传承最直接的一项资源约束。企业资金来源于负债融资、股权融资,还来源于经营活动。鉴于传承时期关系治理机制演进过程蕴含着巨大风险,无论是创始人还是继任者,都应更注意保持资金流的稳定。纵观三力士进入传承实施期前后数年的财务数据及相关资料,三

中国家族企业代际传承的财务安排研究

力士投融资行为呈现如下特征（见表9-5），而这些无疑都指向代际传承时期经营风险的降低。

表9-5　　　　　　　三力士2010—2015年财务数据

年份 项目	进入传承实施期前三年			进入传承实施期后三年		
	2010	2011	2012	2013	2014	2015
营业收入（亿元）	7.21	8.73	8.85	9.44	9.70	9.31
经营活动的现金净流量（亿元）	0.60	-0.70	1.70	0.53	3.07	3.92
资产负债率（%）	24.90	22.00	24.20	8.69	8.31	7.89
流动比率（%）	2.34	2.89	2.47	8.18	8.29	8.71
长期负债占总负债的比重（%）	0.00	0.00	0.00	0.00	0.00	0.00
研发投入占营业收入比重（%）	3.37	3.13	3.43	3.22	3.20	3.64
购建固定资产、无形资产和其他长期资产支付的现金与总资产的比例（%）	9.25	4.44	9.60	5.71	5.17	4.52

数据来源：国泰安数据库。

首先，进入传承实施期后保持充裕的现金流。企业的营业收入在进入代际传承实施期前后增长明显，经营活动产生的现金净流量2013年为0.53亿元，比2012年该指标降低是由上期原材料储备增加所致本期经营活动现金流出增加，目的是回避原材料价格上涨风险。2014年、2015年两年这一指标达到历史最高水平，近4亿元的经营现金净流量提示三力士的主营业务能创造积极稳定的内部现金流，这为三力士应对传承时期的不确定性提供了极好的保障。

其次，进入传承实施期后的负债规模、偿债能力有大幅度的提升。三力士的资产负债率在进入传承实施期后大幅下降，由于其长期负债一

第九章 步步为营:"红脸"创始人与"白脸"继任者的传承之道

直为零,负债总额的变化集中反映在流动负债上,根据年报可知,2013年偿还短期借款8300万元使得负债规模大幅降低。之后的2014年、2015年短期借款增加额与应付账款减少额基本持平,资产负债率一直维持在较低水平。从短期偿债能力指标流动比率来看,2013年流动负债的下降,直接导致流动比率的数倍翻升,之后的2014年、2015年一直维持在较高的水平,此时的三力士不仅现金流稳定,从偿债能力指标上看,也完全能满足银行贷款指标的市场评价体系。

再次,传承实施期后的研发投资等内部长期投资类指标出现下降。长期投资会增加企业的运营风险,因此在进入代际传承实施期后,家族企业一般不会增加该类投资的规模。从表9-5可知,三力士进入传承实施期后三年平均的研发投入占营业收入比重与前三年均值相比并没有出现明显增加(增加1.2个百分点),这一指标与同一时期营业收入均值的增长率(增加14.7%)不相匹配。这说明,创始人和继任者并没有增加研发投入的战略意图。而从购建固定资产、无形资产和其他长期资产支付的现金与总资产的比例上看,缩减内部长期投资规模的趋势就更明显。

最后,实施后向一体化的并购战略。2014年年初,公司提出并积极打造"智慧三力士"概念,其中之一便是大力推进上下游的兼并收购,实现渠道扁平化。2015年跨入军工民营经济融合等领域。2017年10月,三力士股份有限公司作出决策,以自有资金16250.32万元直接和间接收购西双版纳路博橡胶有限公司的股权,实现对其92.22%的控股。路博橡胶为一家集橡胶树种植、天然橡胶加工和贸易为一体的公司,在老挝拥有2万余亩橡胶林和占地49余亩的橡胶加工厂,是三力士公司的天然橡胶主要供应商。收购完成后有利于公司取得稳定优质的天然橡胶供货渠道,减少天然橡胶价格波动给公司带来的不利影响,有助于完善产业链布局。并购举措在提升预期盈利能力的同时,也为实现正式交接班酝酿能量。

综合经营风险通过财务投融资行为的具体安排得到保障,这为规则信任推进与变革实施提供稳定的内部环境,但建立规则信任必然会影响共同创始人、新老员工的利益,如何将规则信任深入员工内心,是三力士代际传承时期必须考虑的又一个重要问题。

三 考评机制与元老退出

公开披露信息显示,三力士共同创始人主要为吴兴荣、黄凯军、史兴泉、吴水源兄弟、叶文鉴、李水龙、李月琴、陈柏忠等,他们是绍兴三力士橡胶有限公司的管理层,三力士股权结构比较特殊,它是完全由自然人出资成立的股份有限责任制公司,除陈柏忠外,其余股东均在公司担任要职,共同创始人分别担任董事、副总经理、销售部部长、生产部部长等职位,吴水源、叶文鉴和陈柏忠出生于50年代,吴兴荣、吴水炎、李月琴出生于60年代,黄凯军则是一位年轻的共同创始人,仅比吴琼瑛长一岁。从表9-6可知,在股权构成方面,共同创始人的持股比例较低,这为进入传承实施期前后的职位变动与调整提供法律层面的基础。可以看到,在2013年之前史兴泉、吴水源兄弟、叶文鉴、李水龙等均不再担任要职。

表9-6　　　　　　三力士共同创始人公司任职情况

股东姓名	上市后持有股份(%)	上市时任职	任期
吴兴荣	3.38	董事、副总经理	2013年辞职
黄凯军	3.38	副总经理	2015年7月辞职
史兴泉	2.70	销售一部部长	2011年不担任高管
吴水源	2.70	销售一部副部长	2011年不担任高管
吴水炎	2.70	监事、销售二部部长	2011年不担任高管
叶文鉴	2.36	董事、生产部部长	2006—2012年
李水龙	1.96	企划部部长	2011年不担任高管
李月琴	1.96	监事会主席、内部审计	2006—2012年
陈柏忠	1.35	退休	

数据来源:招股说明书、年度报告。

第九章 步步为营:"红脸"创始人与"白脸"继任者的传承之道

2013 年吴琼瑛担任总经理的当年将工作重点任务总结为三个:(1)建立并健全 3 个关系的管理:客户关系管理、供应商关系管理、投资者关系管理。(2)加强内部管理,全面推行计划管理,进一步深入绩效考核体系与制度建设,推进精益生产管理与 TS 16949 体系运行,加快电子商务导入及 ERP 平台的升级与整合。(3)加强人才队伍建设,致力于建立 3 支队伍,分别是专业技术队伍、专业技工队伍和中层干部队伍,建立人才培养与淘汰机制、激励机制、成长机制、进入与退出机制。强调上下级间的沟通技能、沟通方法与沟通渠道,鼓励并引导上下级间、同事间沟通。①

可以看出继任者吴琼瑛三个重点任务中有两条是有关人力资源建设与制度规范建设,释放出强烈的规则信任为基础的治理信号以及建立新管理团队的决心。2013 年有较为重要的一项人事变动,即担任董事、副总经理的共同创始人吴兴荣辞职,此时上市时担任要职的共同创始人仅剩黄凯军一人,留任副总经理。

当然,三力士中还有许多创始人经营时期的中基层管理者,这些管理者的变更,也涉及根深蒂固的共同创始人利益。吴琼瑛面对的是"看着自己长大"的叔叔伯伯们,有被骂"忘恩负义"的激烈冲突,也有哭诉"没有功劳也有苦劳"的内疚攻势。吴琼瑛感慨,"和亲戚吵得面红脖子赤、大拍桌子是常有的事,亲戚都追到家里来"。在推进规则信任的变革中,吴琼瑛倡导规则"唱白脸",大刀阔斧铁了心搞改革,甚至提出"照付工资,只请你让出位置";父亲吴培生安抚情感"唱红脸",平衡双方、稳定局势,为实现经营权平稳过渡铺路。② 自 2015 年起,黄凯军陆续减持三力士股份,持股比例下降至 0.64%,2015 年黄凯军及另一副总辞职,至此跟随吴培生创立三力士的关键元老已退出舞台,这标志着创始人时代的亲缘关系、地缘关系等情感关系人已基本上退出企业经营,为代际传承做好积极的

---

① 吴琼瑛:《积极调整产品结构加快产业升级》,《中国橡胶》2013 年第 4 期。
② http://biz.zjol.com.cn/system/2016/12/07/021392812.shtml。

安排。

在同一期间，全公司范围内的考核如火如荼地展开。进入传承实施期的第二年，公司特别隆重地举行表彰先进、树立模范活动，经过年终考核和层层选拔，共评选出年度三力士标兵13名，年度先进工作者13名，年度优秀管理干部6名，年度董事长特别奖1个优秀团队。2014年三力士还推行了股票期权激励计划，包括财务总监黄如群、董事吴利祥以及中层管理人员、核心业务（技术）人员总计13人。其中获授最高的财务总监黄如群获得108万股，占总股本的0.16%。所附行权条件为：以2013年为基准年，2014年至2016年三力士扣除非经常性损益后的净利润增长率分别不低于25%、60%和100%；扣除非经常性损益后加权平均净资产收益率分别不低于16%、17.5%和18.3%。激励计划执行严格的考核机制，2015年8月，因不能胜任岗位3人被取消行权。这为吴琼瑛严格依据考评规则选拔任用管理人才提供一个非常正式、规范的机会，为推进企业规则信任树立典范。

但正如前文理论所述，并不是说继任者推行基于规则信任的治理后，家族企业就不再存在情感关系人，继任者接班不会动摇本土家族企业的关系治理机制。吴琼瑛担任总经理以来，三力士新晋高管有吴琼瑛的先生郭利军（财务总监、副总经理）、妹妹吴琼明（生产总监）、表姐莫雪虹（车间主任）、同学许唯放（董秘、非独立董事），也有非家族成员胡恩波（技术总监）、吴利祥（设备保障部部长）、朱新夫（营销部部长）等。

2017年是三力士进入代际传承实施期的第五年，三力士已经基本完成共同创始人的退出与新管理团队的建立。有理由相信，在三力士步步为营的传承战略下，继任者接替董事长的职位即正式完成传承将很快到来，正式传承后的企业发展也值得期待。

第十章　研究总结、局限及政策建议

第一节　研究总结

我们利用关系治理理论框架，提出了代际传承下的家族企业公司治理是由基于权威信任的关系治理机制向基于规则信任的关系治理机制的演进理论，并通过规范研究与实证研究相结合的方法对中国家族企业代际传承的财务安排进行了研究。主要结论如下。

对于集体主义色彩浓厚、传统文化影响深远的中国家族企业而言，代际传承背后是一个具有中国特色家族企业治理机制的演进过程。从股权分散的普通公司治理理论视角入手研究家族企业代际传承不合适。为此，我们详细阐述了家族企业关系治理理论框架及创始人经营时期的基于权威信任的关系治理机制及其运转。代际传承预期动摇了该机制的基础，因而在家族企业进入代际传承准备期时，基于权威信任的关系治理机制遇到挑战，规则逐渐成为信任主导，家族企业治理向基于规则信任的关系治理机制转变，通过数理分析证明了家族企业治理机制变革的影响因素。在家族企业关系治理机制演进的基础上，研究了中国家族企业代际传承的财务安排。

控制权安排体现了中国家族企业代际传承时期财务利益分配权的重新安排，控制家族有计划地稀释了手中的控制权。从关系治理机制演进背景出发，探讨了家族企业的财务环境面临的变化，从理论上分析了控制权层面安排的作用及必要性，实证检验了正处于代际传承实施期的家族上市公司股权安排，发现进入代际传承实施期后，控制家族均稀释了股权，控制家族的持股比例出现显著下降。我们还发现第二大股东至第十大股东的持股比例出现显著下降，说明控制家族可能有计划地将股权稀释给关键岗位员工，而不是单纯地抛入流通市场以换取流动性资金，更不是将股权转让给中大型股东。

如何进行代际传承的准备是理论界和创始人共同关注的问题，我们基于关系治理机制演进理论，从财务活动安排层面回答了该问题。关系治理机制演进对财务安排提出新要求。我们的研究发现，实践中的家族企业在进入代际传承实施期后的债务融资、投资政策等方面均发生显著改变，即与进入代际传承实施期前五年相比，进入传承实施期后五年表现出更低的资产负债率、更大的长期债务比重与更高的流动比率。并且，我们发现家族企业在进入代际传承实施期后的长期投资规模显著下降。可见实践中的家族企业对传承前的各项财务安排很关心，并且也采取了一系列举措。虽然目前尚无证据证明这样的债务融资、投资政策安排能在多大程度上促进代际传承，但正处于代际传承实施期的家族企业呈现出具有统计学意义的债务及投资特征不应看作巧合，本书研究为即将进入代际传承时期的家族企业提供了有益的参考与借鉴。

我们认为家族企业不同特征对代际传承时期家族企业的财务安排有一定的影响，揭示了家族企业关系治理机制演进的异质性问题。研究表明两权分离度对股权稀释幅度起到减弱作用，我们的解释是两权分离度低的样本公司通常是控制家族集团企业的实体，创始人也追求样本公司成功传承，更配合做出股权稀释等举措，以便关系治理机制更顺利演进，继任者更顺利经营，而两权分离度高的样本公司情况就有所不同，样本公司是否能成功传承可能并不重要。家族企业不同特征是家族企业关系治理机制演进中异质性表现的根源。

第十章 研究总结、局限及政策建议

第二节 研究局限

由于中国家族企业的创立时间不长，已经进入代际传承时期的企业占比较小，并且诸多家族企业规模较小不能达到上市的要求，财务信息又存在一定的机密性，这给研究带来一定限制。主要表现在以下两个方面。

研究样本数据受限。内地家族企业多为改革开放之后创立，它们的历史短于国外相关研究样本，缺失部分时间窗口数据。我们将家族企业代际传承划分为三个阶段而重点关注的是进入代际传承实施期后的财务安排，因而选用的是正处于代际传承实施期的家族上市公司样本，排除了已完成代际传承的家族上市公司。原因是已完成代际传承的家族上市公司一般成立较早难以追溯其何时进入代际传承实施期，另外，即使由公开资料追溯到其进入代际传承实施期年份，也有可能在本书观察的重要窗口期（进入代际传承实施期后五年）内就完成了正式传承，使得研究样本数据结构相对比较混乱。且获取正处于代际传承实施期的家族上市公司完整数据存在困难，由于上市年份、进入代际传承实施期的年份各有不同，比如有的家族上市公司2015年进入代际传承实施期，那么取进入代际传承实施期后的数据时，只能获取到2015年、2016年两年的数据，无法取到五年的数据，客观上存在一定的数据缺失。有鉴于此，本书每一部分的实证都增加了短面板做稳健性检验，以期提高研究的科学性。另外，以家族上市公司为代表观察家族企业整个群体也存在一定的局限性。

尽管采用接班人进入高层管理团队或董事会作为家族企业进入代际传承实施期的标志有可行性，但是我们的界定可能会忽略了家族企业进入代际传承实施期各种可能的表现形式，如担任部门或分部负责人等。家族企业与非家族企业最大的不同在于家族企业极具异质性。这是因为每一个控制家族的特征、每一个创始人的价值观等都不尽相同，而控制家族、创始人又对家族企业的决策具有较强的影响，这要求在研究家族企业时注意异质性的存在及作用。但是，由于研究数据的客观限制，作者无法一一确认各个家族企业进入代际传承实施期的具体标志，因而才在研究中选用了上述标准。

另外，中国家族企业代际传承中还出现了个别异化现象，即出现控制家族仅将所有权在家族内部传递，而将管理权向家族外成员传递的分离现象。由于创始人子女接班意愿较低甚至不愿接班，创始人不得不将管理权的继任分离出去，将管理权交给非家族成员。成长于80年代末期及90年代的创始人子女接班的意愿不容乐观，向非家族成员传承也可能就是下一个十年部分家族企业必须面临的问题，那么在这种情形下，创始人又将如何进行代际传承的财务安排？未来中国家族企业代际传承的财务安排还有许多课题值得深入思考与研究。

第三节 政策建议

中国家族企业代际传承问题看似是企业内部的问题，实则不然。家族企业是民营企业的重要构成，家族企业顺利传承不仅有利于民营经济发展，还有利于民族文化沉淀。我们认为，以下措施将有利于中国家族企业的成功传承。

创建民营企业公平的竞争环境。政府应为民营企业与国有企业竞争创建公平的环境。改革开放以来家族企业取得了长足的发展，在吸纳就业人口及纳税方面均保持较强增长势头。实现代际间顺利传承不仅关系到家族切身利益，还关系到促就业等社会利益。长期以来，家族企业处于竞争的不利地位，各种资源的限制使得家族企业创立和成长时期对家族关系网过分依赖，形成以创始人个人为中心的治理机制，这种治理机制随着创始人离开将受到极大的冲击，无疑增加了家族企业代际传承的不确定性。

重塑与家族企业的合作关系。金融机构与家族企业的合作关系重塑建立在识别家族企业代际传承风险的基础上。与非家族企业相比，家族企业投资风险较低且战略视野偏向长期利益，因此家族企业的贷款风险较低，尤其是进入代际传承时期的家族企业，家族的行为被延续控制权强烈意愿支配，希望二代接班成功的家族此时期拥有较高的自律性。当然交接是否成功并非仅依赖家族意愿，与共同创始人、供应商、客户及政府等利益相关者有关，也与行业竞争有关，金融机构应充分评估二代接班后的风险问题。重塑合作关系的目的在于：第一，维持已有合作关系，在二代接班后仍能扮演关系银行角色。对于在创始人时期采用关系型融资的家族企业，合作双方的关系紧密度高，二代接班后能继续利用关系型融资有利于交易成本和风险的降低。第二，创建新的合作关系，在接班人寻找新的合作机构时脱颖而出。未能成为创始人时期的关系银行但却受到接班人的青睐也可能为金融机构招来优质客户，银行在交易型融资制度制定方面应综合考虑，如何在风险可控的情况下，创新地服务家族企业的接班人。

重视传统家文化的培养和熏陶。创始家族应重视传统家文化的培养和熏陶。家族企业的代代相传与传统家文化引导分不开，不重视家族长远利益的家族企业缺乏世代延续经营计划，甚至发生接班人过分强调自我不愿接班的现象，缺乏家文化引导的家族预期成功传承带来的增值较低，不足以推动代际传承。创始人忙于事业而无暇照顾子女，或者在年幼时便将子女送至国外读书等客观情况，导致创始人与子女之间缺乏共同价值观，子女缺乏对家族事业的认同感，那么家族企业的代际传承很难成功，或者演变成单一所有权传承的方式，将削弱控制家族的影响力。

制订全方位的代际传承财务计划。随着时间的推移，越来越多的中国家族企业将进入代际传承时期，如何进行代际传承前的准备将成为中国家族企业非常关注的问题，企业财务方面的支持是代际传承事前准备的重要内容。正如本书所指出的，财务方面的支持内容丰富，除本书深入研究的股权、投融资政策外，还可体现在股利政策、信息披露甚至税务、审计等诸多方面，创始人必须全盘考虑。这其中需要注意的是，保持合适的持股比例是家族企业代际传承的动力所在。关系治理机制的演进包含股权的重新配置问题，尽管稀释股权有助于代际传承，但本书研究同时还认为持股比例过低则会降低创始家族的效用，进而降低修正治理机制的意愿，阻碍代际传承。因而创始家族在制订代际传承财务计划时应首先思考最优持股比例区间，以最大化成功传承的效用。

参考文献

中文文献

贝克尔：《家庭论》，商务印书馆 2005 年版。

丹尼斯·郎：《权力论》，中国社会科学出版社 2001 年版。

道格拉斯·C. 诺思：《经济史中的结构与变迁》，上海人民出版社 1994 年版。

费孝通：《乡土中国》，生活·读书·新知三联书店 1985 年版。

盖尔希克等：《代代相传——家族企业发展模型》，东方出版社 2014 年版。

哈耶克：《自由秩序原理》，生活·读书·新知三联书店 1997 年版。

黄光国、胡先缙：《人情与面子——中国人的权力游戏》，中国人民大学出版社 2010 年版。

彭泗清：《信任的建立机制：关系运作与法制手段》，郑也夫、彭泗清：《中国社会中的信任》，中国城市出版社 2003 年版。

齐美尔：《社会是如何可能的》，广西师范大学出版社 2002 年版。

乔健：《关系刍议》，杨国枢：《中国人的心理》，中国人民大学出版社 2012 年版。

青木昌彦：《比较制度分析》，上海远东出版社 2001 年版。

威廉姆森：《资本主义经济制度》，商务印书馆 2002 年版。

许永斌：《中国上市公司控制权私有收益问题研究》，经济科学出版社2008年版。

亚历山大·科耶夫：《权威的概念》，译林出版社2011年版。

杨光飞：《家族企业的关系治理及其演进——以浙江昇兴集团为个案》，社会科学文献出版社2009年版。

翟学伟：《中国社会中的日常权威》，社会科学文献出版社2004年版。

郑伯埙：《企业组织中上下属的信任关系》，郑也夫、彭泗清：《中国社会中的信任》，中国城市出版社2003年版。

郑也夫、彭泗清：《中国社会中的信任》，中国城市出版社2003年版。

晁上：《论家族企业权力的代际传递》，《南开管理评论》2002年第5期。

陈寒松：《基于知识观的家族企业代际传承研究》，《财贸研究》2009年第4期。

陈凌、应丽芬：《代际传承：家族企业继任管理和创新》，《管理世界》2003年第6期。

陈文婷、李新春：《上市家族企业股权集中度与风险倾向、市场价值研究——基于市场化程度分组的实证》，《中国工业经济》2008年第10期。

陈晓红、尹哲、吴旭雷：《金字塔结构、家族控制与企业价值——基于沪深股市的实证分析》，《南开管理评论》2007年第5期。

陈信元、汪辉：《股东制衡与公司价值模型及经验证据》，《数量经济技术经济研究》2004年第11期。

储小平：《华人家族企业的界定》，《经济理论与经济管理》2004年第1期。

储小平：《职业经理与家族企业的成长》，《管理世界》2002年第4期。

邓建平、曾勇：《上市公司家族控制与股利决策研究》，《管理世界》2005年第3期。

窦军生、贾生华：《个人意愿、家族承诺与家族企业传承计划的实施》，《中山大学管理研究》2007年第2期。

窦军生、贾生华：《"家业"何以长青？——企业家个体层面家族企业代际传承要素的识别》，《管理世界》2008年第9期。

窦军生、李生校、邬家瑛：《"家和"真能"万事"兴吗？——基于企业家默会知识代际转移视角的一个实证检验》，《管理世界》2009年第1期。

杜颖洁、杜兴强：《银企关系、政治联系与银行借款——基于中国民营上市公司的经验证据》，《当代财经》2013年第2期。

冯根福、韩冰、闫冰：《中国上市公司股权集中度变动的实证分析》，《经济研究》2002年第8期。

冯旭南、李心愉、陈工孟：《家族控制、治理环境与公司价值》，《金融研究》2011年第3期。

何轩、宋丽红、朱沆等：《家族为何意欲放手?》，《管理世界》2014年第2期。

贺小刚、李婧、陈蕾：《家族成员组合与公司治理效率：基于家族上市公司的实证研究》，《南开管理评论》2010年第6期。

贺小刚、李新春：《家族控制的困境——基于广东中山市家族企业的研究》，《学术研究》2007年第4期。

贺小刚、连燕玲：《家族权威与企业价值：基于家族上市公司的实证研究》，《经济研究》2009年第4期。

贺小刚、连燕玲、张远飞：《经营期望与家族内部的权威配置——基于中国上市公司的数据分析》，《管理科学学报》2013年第4期。

李常青、赖建清：《董事会特征影响公司绩效吗?》，《金融研究》2004年第5期。

李蕾：《家族企业的代际传承》，《经济理论与经济管理》2003年第

8期。

李礼、王曼舒、齐寅峰：《股利政策由谁决定及其选择动因——基于中国非国有上市公司的问卷调查分析》，《金融研究》2006年第1期。

李新春、陈灿：《家族企业的关系治理：一个探索性研究》，《中山大学学报》（人文社会科学版）2005年第6期。

李新春、韩剑、李炜文：《传承还是另创领地？——家族企业二代继承的权威合法性建构》，《管理世界》2015年第6期。

连燕玲、贺小刚、张远飞：《家族权威配置机理与功效——来自我国家族上市公司的经验证据》，《管理世界》2011年第11期。

廖理、沈红波、郦金梁：《股权分置改革与上市公司治理的实证研究》，《中国工业经济》2008年第5期。

刘平青、王雪、刘冉等：《领导风格对工作满意度的影响机理研究——以员工关系为中介变量》，《中国管理科学》2013年第11期。

刘晓芸、鲍慧琼：《职业经理人进入家族企业的障碍及对策》，《经济问题》2008年第2期。

罗党论、黄琼宇：《民营企业的政治关系与企业价值》，《管理科学》2008年第12期。

罗党论、唐清泉：《政府控制、银企关系与企业担保行为研究——来自中国上市公司的经验证据》，《金融研究》2007年第3期。

梅琳、贺小刚、李婧：《创始人渐进退出还是激进退出？——对创业家族企业的实证分析》，《经济管理》2012年第1期。

宋继文、孙志强、文珊珊等：《中国家族企业的代际传承过程研究——基于组织行为学与社会学的视角》，《管理学报》2008年第7期。

苏启林：《代理问题、公司治理与企业价值——以民营上市公司为例》，《中国工业经济》2004年第4期。

苏启林、朱文：《上市公司家族控制与企业价值》，《经济研究》2003

年第 8 期。

孙永祥：《所有权、融资结构与公司治理机制》，《经济研究》2001 年第 1 期。

汤谷良：《经营者财务论——兼论现代企业财务分层管理架构》，《会计研究》1997 年第 5 期。

王呈斌、伍成林：《内部因素对家族企业传承影响的实证分析——基于在任者的视角》，《经济理论与经济管理》2011 年第 8 期。

王明琳、陈凌、叶长兵：《中国民营上市公司的家族治理与企业价值》，《南开管理评论》2010 年第 13 期。

王文京：《家族企业对中国经济社会发展的贡献和作用——〈中国家族企业发展报告〉综述》，《中央社会主义学院学报》2012 年第 4 期。

王永梅、王铁林、李青原：《机构投资者参与公司治理的积极性分析》，《南开管理评论》2007 年第 1 期。

魏明海、程敏英、郑国坚：《从股权结构到股东关系》，《会计研究》2011 年第 1 期。

魏志华、吴育辉、李常青：《家族控制、双重委托代理冲突与现金股利政策》，《金融研究》2012 年第 7 期。

吴炯、刘阳、邢修帅：《家族企业传承的权威基础与权威冲突——合法性的中介作用》，《经济管理》2017 年第 2 期。

伍中信、曹越、张荣武：《财务动态治理论纲》，《财经理论与实践》2007 年第 3 期。

伍中信：《现代公司财务治理理论的形成与发展》，《会计研究》2005 年第 10 期。

项兵：《中国的三代企业家》，《中国企业家》2007 年第 8 期。

徐鹏、宁向东：《家族企业的公司治理模式》，《学术月刊》2011 年第 10 期。

许小年：《改革以法人机构为主体建立公司治理机制和资本市场》，

《改革》1997年第5期。

许永斌、惠男男：《家族企业代际传承的情感价值动因分析》，《会计研究》2013年第7期。

许永斌、郑金芳：《中国民营上市公司家族控制权特征与公司绩效实证研究》，《会计研究》2007年第11期。

阎达五、陆正飞：《论财务战略的相对独立性——兼论财务战略及财务战略管理的基本特征》，《会计研究》2000年第9期。

阎云翔：《差序格局与中国文化的等级观》，《社会学研究》2006年第4期。

杨学儒、朱沆、李新春：《家族企业的权威系统与代际传承》，《管理学报》2009年第11期。

易颜新、柯大钢、王平心：《我国上市公司股利分配决策的调查研究分析》，《南开管理评论》2008年第11期。

余向前：《家族企业代际传承方式及其路径：152个样本》，《改革》2008年第3期。

余向前：《家族企业代际传承与制度创新》，《学术月刊》2007年第7期。

曾爱民、张纯、魏志华：《金融危机冲击、财务柔性储备与企业投资行为》，《管理世界》2013年第4期。

张栋、杨淑娥：《论企业财权配置——基于公司治理理论发展视角》，《会计研究》2005年第4期。

赵景文、于增彪：《股权制衡与公司经营业绩》，《会计研究》2005年第12期。

周立新、陈凌：《家族控制、企业目标与家族企业融资决策——来自浙江和重庆两地家族企业的经验证据》，《管理工程学报》2009年第4期。

朱沆、Eric Kushins、周影辉：《社会情感财富抑制了中国家族企业的创新投入吗?》，《管理世界》2016年第3期。

朱武祥、陈寒梅、吴迅：《产品市场竞争与财务保守行为——以燕京啤酒为例的分析》，《经济研究》2002年第8期。

英文文献

Alia A., Chen T. Y., Radhakrishnana S., "Corporate Disclosures by Family Firms", *Journal of accounting and economics*, 2007, 44.

Amore M. D., Minichilli A., Corbetta G., "How Do Managerial Successions Shape Corporate Financial Policies in Family Firms?", *Journal of Corporate Finance*, 2011, 17.

Amore M. D., Miller D., Le Breton-Millor I., "Corbetta G. For Love and Money: Marital Leadership in Family Firms", *Journal of Corporate Finance*, 2017, 46.

Anderson R., Reeb D., "Founding-Family Ownership and Firm Performance: Evidence from the S & P 500", *Journal of Finance*, 2003, 58 (3).

Anderson R., Reeb D., "Board Composition: Balancing Family Influence in S & P 500 Firms.", *Administrative Science Quarterly*, 2004, 49.

Anderson R., Duru A., Reeb D., "Investment Policy in Family Controlled Firms", *Journal of Banking and Finance*, 2012, 36.

Astrachan J., Shanker M., "Family Businesses'Contribution to the US Economy: A Closer Look", *Family Business Review*, 2003, 16 (3).

Ball R., Kothari S., Robin A., "The Effect of International Institutional Factors Onproperties of Accounting Earnings", *Journal of Accounting and Economics*, 2000, 29 (1).

Ball R., Shivakumar L., "Earnings Quality in UK Private Firms: Comparative Loss Recognition Timeliness", *Journal of Accounting and Economics*, 2005, 39 (1).

Barach J. A., Ganitsky J. B., "Successful Succession in Family Business", *Family Business Review*, 1995, 8 (2).

Barnett T., Kellermanns F. W., "Are We Family and Are We Treated As Family? Nonfamily Employees' Perceptions of Justice in the Family Firm", *Entrepreneurship Theory and Practice*, 2006, 30.

Barontini R., Caprio L., "The Effect of Family Control on Firm Value and Performance: Evidence from Continental Europe", *European Financial Management*, 2006, 12 (5).

Beek H. Y., Cho D., "Family Firm Succession and Performance", *Applied Economics Letters*, 2017, 24.

Beckhard R., Dyer G. W., "Managing Change in the Family Firm—Issues and Strategies", *Sloan Management Review*, 1983, 24.

Begley T. M., Boyd D. P., "A Comparison of Entrepreneurs and Mana-gers of Small Business Firms", *Journal of Management*, 1987, 13 (1).

Bennedsen M., Kasper M. N., Francisco P. et al., "Inside the Family Firm: The Role of Families in Succession Decisions and Performance", *Quarterly Journal of Economics*, 2007, 122 (2).

Berger A. N., Udell G. F., "Small Business Credit Availability and Relationship Lending: The Importance of Bank Organizational Structure", *The Economic Journal*, 2002, 112 (477).

Berrone P., Cruz C., Gomez-Mejia L. R., "Socioemotional Wealth in Family Firms: Theoretical Dimensions, Assessment Approaches, and Agenda for Future Research", *Family Business Review*, 2012, 25.

Bertrand M., Simon J., Krislert S. et al., "Mixing Family with Business: A Study of Thai Business Groups and the Families Behind Them", *Journal of Financial Economics*, 2008, 88 (3).

Birley S., "Succession In the Family Firm: The Inheritor's View", *Journal of Small Business Management*, 1986, 24 (3).

Block J., "How to Pay Nonfamily Managers in Large Family Firms: A

Principal-Agent Model", *Family Business Review*, 2011, 24.

Blumentritt T., Mathews T., Marchisio G., "Game Theory and Family Business Succession: A Introduction", *Family Business Review*, 2013, 26.

Bodolica V., Spraggon M., Zaidi S., "Boundary Management Strategies for Governing Family Firms: a Uae-Based Case Study", *Journal of Business Research*, 2015, 68 (3).

Boot A., "Relationship Banking: What Do We Know?", *Journal of Financial Intermediation*, 2000, 9 (1).

Burkart M., Panunzi F., Shleifer A., "Family Firms", *Journal of Finance*, 2003, 58 (5).

Cabrera-Suárez K., De Saá-Pérez P., García-Almeida D., "The Succession Process From A Resource-and Knowledge-Based View of the Family Firm", *Family Business Review*, 2001, 14 (1).

Cao J., Cumming D., Wang X. M., "One-Child Policy and Family Firms in China", *Journal of Corporate Finance*, 2015, doi: 10.1016/j.jcorpfin.2015.01.005.

Carney M., "Corporate Governance and Competitive Advantage Infamily-Controlled Firms", *Entrepreneurship Theory and Practice*, 2005, 29.

Cesari A., "Expropriation of Minority Shareholders and Payout Policy", *The British Accounting Review*, 2012, 44 (4).

Chen H. L., Hsu W. T., "Family Ownership, Board Independence, and Investment", *Family Business Review*, 2009, 22.

Chen K. C. W., Yuan H., "Earnings Management and Capital Resource Allocation: Evidence from China's Accounting-Based Regulation of Rights Issues", *Accounting Review*, 2004, 79.

Chiraz B. A., Cedric L., "Audit Fees in Family Firms: Evidence from U. S. Listed Companies", *Journal of Applied Business Research*, 2014,

30 (3).

Chrisman J., Chua J., Steier L., "Sources and Consequences of Distinctive Familiness: An Introduction", *Entrepreneurship Theory and Practice*, 2005, 29 (3).

Chrisman J. J., Chua J., Kellermanns F., Chang E., "Are Family Managers Agents or Stewards? An Exploratory Study in Privately Held Family Firms", *Journal of Business Research*, 2007, 60 (10).

Chrisman J. J., Chua J. H., Pearson A W. et al. "Family Involvement, Family Influence, and Family-Centered Non-Economic Goals in Small Firms", *Entrepreneurship Theory and Practice*, 2012, 36 (2).

Chrisman J. J., Patel P. C., "Variations in r & d Investments of Family and Nonfamily Firms: Behavioral Agency and Myopic Loss Aversion Perspectives", *Academy of Management Journal*, 2012, 55 (4).

Churchill N. C., Hatten K. J., "Non-Market-Based Transfers of Wealth and Power: A Research Framework for Family Businesses", *American Journal of Small Business*, 1987, 11.

Claessens S., Djankov S., Lang L. H. P., "The Separation of Ownership and Control in East Asian Corporation", *Journal of Financial Economics*, 2000, 58.

Cucculelli M., Micucc I. G., "Family Succession and Firm Performance: Evidence from Italian Family Firms", *Journal of Corporate Finance*, 2008, 14.

Croci E., Doukas J. A., Gonenc H., "Family Control and Financing Decisions", *European Financial Management*, 2011, 17.

Cruz C., Gomez-Mejia L. R, Becerra M., "Perceptions of Benevolence and the Design of Agency Contracts: CEO-TMT Relationships in Family Firms", *Academy of Management Journal*, 2010, 53 (1).

Cruz C., Justo R., De Castro J., "Does Family Employment Enhance

Mses Performance? Integrating Socioemotional Wealth and Family Embeddedness Perspectives", *Journal of Business Venturing*, 2012, 27.

Daellenbach U. S., Mccarthy A. M., Schoenecker T. S. "Commitment to Innovation: The Impact of Top Management Team Characteristics", *R & D Management*, 1999, 29 (3).

Daily C. M., Dalton D. R., "Financial Performance of Founder-Managed Versus Professionally Managed Corporations", *Journal of Small Business Management*, 1992, 30.

Davis J. A., Tagiuri R., "The Influence of Life Stage on Father-Son Work Relationships in Family Companies", *Family Business Review*, 1989, 2.

Davis S. M., "Entrepreneurial Succession", *Administrative Science Quarterly*, 1968, 13 (3).

Demsetz H., Lehn K., "The Structure of Corporate Ownership: Causes and Consequences", *Journal of Political Economy*, 1985, 93 (6).

Ding S., Qu B., Zhuang Z., "Accounting Properties of Chinese Family Firms", *Journal of Accounting, Auditing & Finance*, 2011, 26.

Dollinger M. J., Golden P. A., "Interorganizational and Collective Strategies in Small Firms: Environmental Effects and Performance", *Journal of Management*, 1992, 18 (4).

Dyer W. C., Whetten D. A., "Family Firms and Social Responsibility: Preliminary Evidence from the s & p 500", *Entrepreneurship Theory and Practice*, 2006, 30.

Eddleston K. A., Chrisman J. J, Steier L. P. et al., "Governance and Trust in Family Firms: An Introduction", *Entrepreneurship Theory and Practice*, 2010, 34 (6).

Edmans A., "Blockholder Trading, Market Efficiency, and Managerial Myopia", *Journal of Finance*, 2009, 64.

Eklund J., Palmberg J., Wiberg D., "Inherited Corporate Control and Returns on Investment", *Small Business Economics*, 2013, 41.

Ellul A., Pagano M., Panunzi F., "Inheritance Law and Investment in Family Firms", *American Economic Review*, 2010, 100.

Faccio M., Lang L., "The Ultimate Ownership of Western European Corporations", *Journal of Financial Economics*, 2002, 65 (3).

Faccio M., "Politically Connected Firms", *American Economic Review*, 2006, 96.

Fama E., Jensen M., "Organizational Forms and Investment Decisions", *Journal of Financial Economics*, 1985, 14.

Fama E. F., Jensen M. C., "Separation of Ownership and Control", *Journal of Law and Economics*, 1983, 24.

Fan J., Wong T., "Corporate Ownership Structure and the Informativeness Of Accounting Earnings in East Asia", *Journal of Accounting and Economics*, 2002, 33 (3).

Fan J., Jian M., Yeh Y. H., "Succession: The Roles of Specialized Assets and Transfer Costs", *Working Paper*, 2007, The Chinese University of Hong Kong.

Fan J., Wong T. J., Zhang T. Y., "Founder Succession and Accounting Properties", *Contemporary Accounting Research*, 2012, 29 (1).

File K., Prince R., "Attributions for Family Business Failure: The Heir's Perspective", *Family Business Review*, 1996, 9.

Fisman R., "Estimating the Value of Political Connections", *American Economic Review*, 2001, 91.

Francisco P., "Inherited Control and Firm Performance", *American Economic Review*, 2006, 96 (5).

Gibb Dyer W. J., Whetten D. A., "Family Firms and Social Responsibility: Preliminary Evidence from the S & P 500", *Entrepreneurship Theory* and Practice, 2006, 30 (6).

Gomez-Mejia L. R., Larraza-Kintana M., "Makri M. The Determinants of Executive Compensation in Family-Controlled Public Corporations", Academy of Management Journal, 2003, 46 (2).

Gomez-Mejia L. R., Haynes K., Nunez-Nickel M, et al., Socioemotional Wealth and Business Risks in Family-Controlled Firms: Evidence from Spanish Olive Oil Mills", Administrative Science Quarterly, 2007, 52 (1).

Gomez-Mejia L. R., Makri M., "Larraza-Kintana M. Diversification Decisions in Family-Controlled Firms", Journal of Management Studies, 2010, 47.

Gompers P., Lerner J., "Money Chasing Deals? The Impact of Fund Inflows on Private Equity Valuations", Journal of Financial Economics, 2000, 55 (2).

Gonzalez-Cruz T., Cruz-Ros S., "When Does Family Involvement Produce Superior Performance in SME Family Business?", Journal of Business Research, 2016, 69.

Gordon G. W., Rosen N. A., "Critical Factors in Leadership Succession", Organizational Behavior and Human Performance, 1981, 27.

Gorriz C. G., Fumas V. S., "Family Ownership and Performance", The Net Effect of Production Efficiency and Growth Constraints, 2005. ECGI Working Paper.

Goulder Alvin, "The Norm of Reciprocity, a Preliminary Statement", American Sociological Review, 1960, 25.

Grant R., "Toward a Knowledge-Based Theory View of the Firm", Strategic Management Journal, 1996, 17.

Grossman S. J., Hart O. D., "The Allocational Role of Takeover Bids in Situations of Asymmetric Information", Journal of Finace, 1981, 36 (2).

Habbershon T. G. , Williams M. L. , "A Resource-Based Framework for Assessing the Strategic Advantages of Family Firms", *Family Business Review*, 1999, 12.

Haberman H. , Danes S. M. , "Father-Daughter and Father-Son Family Business Management Transfer Comparison: Family FIRO Model Application", *Family Business Review*, 2007, 20 (2).

Handler W. C. , Kram K. E. , "Succession in Family Firms: the Problem of Resistance", *Family Business Review*, 1988, 1.

Handler W. C. , "Succession in Family Firms: A Mutual Role Adjustment between Entrepreneur and Next-Generation Family Members", *Entrepreneurship Theory and Practice*, 1990, 15.

Handler W. C. , "The Succession Experience of the Next-Generation", *Family Business Review*, 1992, 5 (3).

Handler W. C. , "Succession in Family Business: A Review of the Research", *Family Business Review*, 1994, 7.

Harveston P. D. , Davis P. S. , "Lyden F A. Succession Planning in Family Business: The Impact of Owner Gender", *Family Business Review*, 1997, 10.

Hauck J. , Prugl R. , "Innovation Activities during Intra-Family Leadership Succession in Family Firms: An Empirical Study from a Socioemotional Wealth Perspective", *Journal of Family Business Strategy*, 2015, http://dx.doi.org/10.1016/j.jfbs.2014.11.002.

Holderness C. G. , Sheehan D. P. , "The Role of Majority Shareholders in Publicly Held Corporations", *Journal of Financial Economics*, 1988, 20.

Holmstrom B. , Tiróle J. , "Financial Intermediation, Loanable Funds, and the Real Sector", *Quarterly Journal of Economics*, 1997, 112 (3).

Hoopes D. G. , Miller D. , "Ownership Preferences, Competitive Heterogeneity, and Family-Controlled Businesses", *Family Business Review*, 2006, 19 (2).

Hwang K. K., "Face and Favor: The Chinese Power Game", *American Journal of Sociology*, 1987, 92.

Ip B., Jacobs G., "Business Succession Planning: A Review of the Evidence", *Journal of Small Business and Enterprise Development*, 2006, 13.

James H. S., "Owner As Manager, Extended Horizons and the Family Firms", *International Journal of Economics of Business*, 1999, 6.

Jayantilal S., Jorge S. F., "Banegil Palacios T M, Effects of Sibling Competition on Family Firm Succession", *A Game Theory Approach*, *Journal of Family Business Strategy*, 2016, 7.

Julio B., Yook Y., "Political Uncertainty and Corporate Investment Cycles", *Journal of Finance*, 2012, 67 (1).

Kets De Vries M., "The Dynamics of Family Controlled Firms: The Goods and Bad News", *Organizational Dynamics*, 1993, 21.

Klasa S., "Why Do Controlling Families of Public Firms Sell Their Remaining Ownership Stake?", *Journal of Financial and Quantitative Analysis*, 2007, 42 (2).

Koropp C., Grichnik D., Gygax A. F., "Succession Financing in Family Firms", *Small Business Economics*, 2013, 41 (2).

Kothari S. P., Laguerre T. E., Leone A. J., "Capitalization Versus Expensing: Evidence on the Uncertainty of Future Earnings From Capital Expenditures Versus R & D Outlays", *Review of Accounting Studies*, 2002, 7.

Kotlar J., De Massis A., Fang H. Q. et al., "Strategic Reference Points in Family Firms", *Small Business Economics*, 2014, 43 (3).

Kotlikoff L. J., Spivak A., "The Family As an Incomplete Annuities Market", *Journal of Political Economy*, 1981, 89 (2).

La Porta R., Lopez-De-Silanes F., Shleifer A. et al., "The Quality of Government", *Journal of Law Economics & Organization*, 1999, 15 (1).

La Porta R., Lopez-De-Silanes F., Shleifer A. et al., "Agency Problems and Dividend Policies Around the World", *Journal of Finance*, 2000, 55 (1).

Lansberg I., Perrow E. L., Rogolsky S., "Family Business As an Emerging Field", *Family Business Review*, 1988, 1 (1).

Le Breton-Miller I., Miller D., "Why Do Some Family Businesses Out-Compete? Governance, Long Term Orientations, and Sustainable Capability", *Entrepreneurship Theory and Practice*, 2006, (30).

Le Breton-Miller I., Miller D., "To Grow or To Harvest? Governance, Strategy and Performance in Family and Lone Founder Firms", *Journal of Strategy and Management*, 2008, 1 (1).

Lee J., "Family Firm Performance: Further Evidence", *Family Business Review*, 2006, 19 (2).

Lewis J. D., Weigert A. J., "Social Atomism, Holism, and Trust", *The Sociological Quarterly*, 1985, 26 (4).

Longenecker J. G., Schoen J. E., "Management Succession in the Family Business", *Journal of Small Business Management*, 1978, 16.

Lubatkin M. H., Ling Y., Schulze W. S., "An Organizational Justice-Based View of Self-Control and Agency Costs in Family Firms", *Journal of Management Studies*, 2007, 44 (6).

Malinen P., "Like Father Like Son? Small Family Business Succession Problems in Finland", *Enterprise and innovation management studies*, 2001, 2 (3).

Man T. W. Y., Lau T., "Entrepreneurial Competencies of SME Owner/

Managers in The Hong Kong Services Sector: A Qualitative Analysis", *Journal of Enterprising Culture*, 2000, 8 (3).

Marshall J. P., Sorenson R., Brigham K. et al., "The Paradox for The Family Firm CEO: Owner Age Relationship to Succession-Related Processes and Plans", *Journal of Business Venturing*, 2006, 21.

Massis A. D., Chua J. H., Chrisman J. J., "Factors Preventing Intra-Family Succession", *Family Business Review*, 2008, 21 (2).

Mcconaughy D. L., Phillips G. M., "Founders Versus Descendents: The Profitability, Efficiency, Growth Characteristics and Financing in Large, Public, Founding-Family-Controlled Firms", *Family Business Review*, 1999, 12 (2).

Miller D., Le Breton-Miller I., "Challenges Versus Advantage in Family Business", *Strategic Organization*, 2003, 1 (1).

Mishra A. K., El-Osta H. S., Shaik S., "Succession Decisions in U. S. Family Farm Businesses", *Journal of Agricultural and Resource Economics*, 2010, 35 (1).

Mitchell R. K., Morse E. A., Sharma P., "The Transacting Cognitions of Non-Family Employees in the Family Business Setting", *Journal of Business Venturing*, 2003, 18.

Molly V., Laveren E., Deloof M., "Family Business Succession and Its Impact on Financial Structure and Performance", *Family Business Review*, 2010, 23.

Morck R., Yeung B., "Agency Problems in Large Family Groups", *Entrepreneurship Theory and Practice*, 2003, 27 (4).

Morgan R. M., Hunt S. D., "The Commitment-Trust Theory of Relationship Marketing", *Journal of Marketing*, 1994, 58 (3).

Morris M. H., Williams R. W., "Nel D. Factors Influencing Family Business Succession", *International Journal of Entrepreneurial Behaviour &*

Research, 1996, 2.

Murray B., "The Succession Transition Process: A Longitudinal Perspective", *Family Business Review*, 2003, 16.

Naveen L., "Organizational Complexity and Succession Planning", *Journal of Financial and Quantitative Analysis*, 2006, 41 (3).

Per-Olof B., Lars-Goran S., "A Contractual Perspective on Succession in Family Firms: A Stakeholder View", *European Journal of Law and Economics*, 2014, 38 (2).

Petersen M. A., Rajan R. G., "The Benefits of Lending Relationships: Evidence from Small Business Data", *The Journal of Finance*, 1994, 49 (1).

Pierce G. R., Sarason I. G., Sarason B. R., "General and Relationship-Based Perceptions of Social Support: Are Two Constructs Better than One?", *Journal of Personality and Social Psychology*, 1991, 61 (6).

Poterba J., Summers L., "A CEO Survey of U. S. Companies' Time Horizons and Hurdle Rates", *Sloan Management Review*, 1995, 37.

Potter C., Lobley M., "Ageing and Succession on Family Farms: The Impact on Decision-Making and Land Use", *Sociologia Ruralis*, 1992, 32.

Rajan R. G., Zingales L., "What Do We Know About Capital Structure? Some Evidence from International Data", *Journal of Finance*, 1995, 50 (5).

Romano C. A., Tanewski G. A., Smyrnios K. X., "Capital Structure Decision Making: A Model for Family Business", *Journal of Business Venturing*, 2000, 16 (3).

Rousseau D. M., "The Idiosyncratic Deal: Flexibility Versus Fairness?", *Organizational Dynamics*, 2001, 29 (4).

Schulze W. S., Lubatkin M. H., Dino R. M. et al., "Agency Relationships in Family Firms: Theory and Evidence", *Organization Science*, 2001, 12.

Schulze W. S., Lubatkinb M. H., Dino R. N., "Toward a Theory of Agency and Altruism in Family Firms", *Journal of Business Venturing*, 2003, 18.

Shanker M. C., Astrachan J. H., "Myths and Realities: Family Businesses Contribution to the US Economy—A Framework for Assessing Family Business Statistics", *Family Business Review*, 1996, 9.

Sharma P., Chrisman J. J., Chua J. H., "Succession Planning as Planned Behavior: Some Empirical Results", *Family Business Review*, 2003, 16 (1).

Shleifer A., Vishny R., "Large Shareholders and Corporate Control", *Journal of Political Economy*, 1986, 94.

Songini L., Gnan L., "Family Involvement and Agency Cost Control Mechanisms in Family Small and Medium-Sized Enterprises", *Journal of Small Business Management*, 2013, doi: 10.1111/jsbm.12085.

Stavrou E. T., "Succession in Family Businesses: Exploring the Effects of Demographic Factors on Offspring Intentions to Join and Take Over the Business", *Journal of Small Business management*, 1999, 37 (3).

Steier L. P., Miller D., "Pre-and Post-Succession Governance Philosophies in Entrepreneurial Family Firms", *Journal of Family Business Strategy*, 2010, 1.

Stein J., "Threats and Managerial Myopia", *Journal of Political Economy*, 1988, 96.

Steve Stewart-Williams, "Altruism Among Kin Vs. Nonkin: Effects of Cost of Help and Reciprocal Exchange", *Evolution and Human Behavior*, 2007, 28.

Stulz R. M. , "Managerial Discretion and Optimal Financing Policies", *Journal of Financial Economics*, 1990, 26 (1).

Terjesen S. , Sealy R. , Singh V. , "Women Directors on Corporate Boards: A Review and Research Agenda", *Corporate Governance: An International Review*, 2009, 17 (3).

Trow D. B. , "Executive Succession In Small Companies", *Administrative Science Quarterly*, 1961, 6.

Vancil R. F. , "A Look at CEO Succession", *Harvard Business Review*, 1987, 65 (2).

Venter E. , Boshoff C. , Maas G. , "The Influence of Successor-Related Factors on the Succession Process in Small and Medium-Sized Family Businesses", *Family Business Review*, 2005, 18 (4).

Vera C. F. , Dean M. A. , "An Examination of the Challenges Daughters Face in Family Business Succession", *Family Business Review*, 2005, 18 (4).

Villalonga B. , Amit R. , "How Do Family Ownership, Control and Management Affect Firm Value?", *Journal of Financial Economics*, 2006, 80.

Villalonga B. , Amit R. , "How Are U. S. Family Firms Controlled?", *Review of Financial Studies*, 2008, 26.

Virginia B. , Martin S. , Sahar Z. , "Boundary Management Strategies for Governing Family Firms: A Uae-Based Case Study", *Journal of Business Research*, 2015, 68 (3).

Wang D. , "Founding Family Ownership and Earnings Quality", *Journal of Accounting Research*, 2006, 44.

Westhead P. , Howorth C. , Cowling M. , "Ownership and Management Issues in First Generation and Multi-Generation Family Firms", *Entrepreneurship and Regional Development*, 2002, 14.

Westhead P., Ucbasaran D., Wright M., "Decisions, Actions, and Performance: Do Novice, Serial, Portfolio Entrepreneurs Differ?", *Journal of Small Business Management*, 2005, 43 (4).

Williamson O. E., "Transaction-Cost Economics: The Governance of Contractual Relations", *Journal of Law and Economics*, 1979, 22 (2).

Wiseman R. M., Gomez-Mejia L. R., "A Behavioral Agency Model of Managerial Risk Taking", *Academy of Management Review*, 1998, 22 (1).

Xu N. H., Yuan Q. B., Jiang X. Y. et al., "Founder's Political Connections, Second Generation Involvement, and Family Firm Performance: Evidence from China", *Journal of Corporate Finance*, 2015, doi: 10.1016/j.jcorpfin.2015.01.004.

Yao Y., Yueh L., "Law, Finance, and Economic Growth in China: An Introduction", *World Development*, 2009, 37 (4).

Yermack D., "Higher Market Valuation of Companies With a Small Board of Directors", *Journal of Financial Economics*, 1996, 40 (2).

Zellweger T. M., Astrachan J. H., "On the Emotional Value of Owning a Firm", *Family Business Review*, 2008, 4.

Zellweger T. M., Kellermanns F. W., Chrisman J. et al., "Family Control and Family Firm Valuation by Family CEOs: The Importance of Intentions for Transgenerational Control", *Organization Science*, 2012, 23 (3).

后　　记

　　作者立足浙江民营经济环境，研究中国家族企业公司治理及其相关会计问题已有近十五年。研究过程大致经历了三个阶段：第一阶段始于2005年，当时中国资本市场由于制度缺陷导致大股东侵占上市公司利益现象泛滥。为此作者承担了一项教育部人文社会科学基金课题，对民营上市公司控制权私有收益问题进行了研究。第二阶段始于2009年，当时发生了一起轰动中国资本市场的国美电器控制权之争案，为此作者又承担了一项教育部人文社会科学基金课题，对家族企业控制权配置问题进行了研究。在对上述课题的研究过程中，一个新的问题开始进入我们的研究视野，即中国家族企业开始出现代际传承问题。2014年，"中国家族企业代际传承的财务安排研究"获得国家社会科学基金重点项目立项，我们的研究进入第三个阶段。

　　国内外学者已对家族企业的治理模式、家族继承者特质与培养安排进行了多视角研究。但基于中国特殊的制度和文化背景研究家族企业代际传承的财务安排几乎还是空白，课题组对此进行了开拓性研究。先后参与课题研究的人员有：浙江工商大学谢诗蕾副教授、颜淑姬副教授、顾玲艳讲师，杭州师范大学郑秀田副教授，浙江科技学院惠男男副教授，杭州电子科技大学谢会丽副教授，以及浙江工商大学在读会计学博士生万源星、鲍树琛、王美鸾、唐欣等。作为一个全新的研究领域，我们的研究思路是开放的、发散的。在课题研究过程

后　记

中，课题组成员又不断产生与代际传承相关的新的研究分支。如向家族外成员传承的财务安排问题、家族企业风险承担水平问题、企业创始团队的激励与退出问题、代际传承中的创新投入与转型问题、跨代组合创业问题，等等。并先后取得了一项国家自然科学青年项目，四项教育部人文社科青年项目。出于篇幅和体系逻辑考虑，本书主要以中国家族企业主流传承模式为背景，研究关系治理模式的演进及其相应的财务安排问题，书稿由许永斌教授和惠男男副教授完成。

从课题申报、研究，到本书的写作、出版离不开专家、教授的支持和帮助。感谢课题评审专家，你们的认可和支持开启了我们对这一领域近五年的研究，并且研究领域还在不断拓展。感谢五位匿名鉴定专家对成果创新性的充分肯定，你们的修改意见有些已体现在书稿中，有些为我们进一步研究拓展了思路。感谢浙江工商大学人文社科处范钧教授，浙江工商大学财会学院裘益政、朱朝晖、陈高才、曾爱民教授，你们在项目管理和成果研讨过程中提出的宝贵意见给课题研究带来了不少启发。感谢中国社会科学出版社刘艳等编辑，你们的热情指导和帮助使书稿得以顺利付梓。最后要特别感谢教育部长江学者、北京大学光华管理学院会计系陆正飞教授为本书作序。

代际传承成功的关键在于包括财务安排在内的充分的事前制度安排。基于特殊的文化和制度背景，中国家族企业代际传承中新的问题正在不断出现，为此课题组成员的研究领域也在不断拓展。今后正如陆正飞教授在序言中所期待的，我们将在本书的基础上努力做出更多和更有价值的研究成果，为促进我国家族企业代际传承的更大成功作出贡献。

许永斌　惠男男
2019年5月8日于杭州